교과서에서 쏙쏙 뽑은 초등 필수 어휘

③ 굳어진 문장: 관용구·속담

교과서에서 쏙쏙 뽑은 초등 필수 어휘
③ 굳어진 문장: 관용구·속담

1판 1쇄 발행일 2017년 2월 8일 • **1판 6쇄 발행일** 2022년 2월 10일
글 김일옥, 오진원, 정혜원 • **그림** 김희경 • **어휘 선정 및 감수** 우경숙, 위우정, 이동현
펴낸이 김태완 • **편집주간** 이은아 • **책임편집** 진원지 • **편집** 조정우 • **디자인** 안상준 • **마케팅** 최창호, 민지원
펴낸곳 (주)도서출판 북멘토 • **출판등록** 제6-800호(2006. 6. 13.)
주소 03990 서울시 마포구 월드컵북로 6길 69(연남동 567-11) IK빌딩 3층
전화 02-332-4885 **팩스** 02-6021-4885

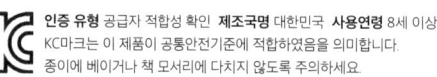

ⓒ 김일옥, 오진원, 정혜원, 김희경 2017

※ 잘못된 책은 바꾸어 드립니다.
※ 이 책은 저작권법에 따라 보호를 받는 저작물이므로 무단전재와 무단복제를 금합니다.
   이 책의 전부 또는 일부를 쓰려면 반드시 저작권자와 출판사의 허락을 받아야 합니다.

ISBN 978-89-6319-221-5 74700
       978-89-6319-218-5 74700 세트

> 이 도서의 국립중앙도서관 출판예정도서목록(CIP)은 서지정보유통지원시스템 홈페이지(http://seoji.nl.go.kr)와
> 국가자료공동목록시스템(http://www.nl.go.kr/kolisnet)에서 이용하실 수 있습니다.
> (CIP제어번호: CIP2017000825)

인증 유형 공급자 적합성 확인 **제조국명** 대한민국 **사용연령** 8세 이상
KC마크는 이 제품이 공통안전기준에 적합하였음을 의미합니다.
종이에 베이거나 책 모서리에 다치지 않도록 주의하세요.

3.
굳어진 문장
관용구·속담

교과서에서 쏙쏙 뽑은

초등 필수 어휘

글 김일옥·오진원·정혜원 | 그림 김희경
어휘 선정·감수 우경숙·위우정·이동현

북멘토

이렇게 만들었어요

- 표제어 : 초등 1~6학년 교과서에 가장 자주 등장하는 관용구·속담을 현직 초등학교 선생님들이 직접 선별했어요.
- 뜻풀이 : 국립국어원의 표준국어대사전 뜻풀이를 기본으로 하되 초등학생의 눈높이에 맞게 보다 쉽게 풀어썼어요.

▶ **눈치를 살피다** 〔관용구〕
일이 돌아가는 형편이나 남의 마음을 미루어 짐작하거나 엿보다.

똥강아지 꿀강아지

강원도 어느 산골에 사는 시골 사람이 벌을 쳐서 꿀을 많이 얻었어. 그런데 산골에서는 돈을 주고 꿀을 사 먹을 만한 사람은 없었지. 그래서 시골 사람은 꿀을 들고 서울로 왔어. 이참에 꿀도 팔고 서울 구경도 해 볼 참이었지.
시골 사람이 서울 어느 한구석에 앉아 "꿀 사시오~ 꿀 사시오." 하니까 마침 지나가던 서울 부자가 그걸 보게 되었어. 슬쩍 눈치를 살피니, 어수룩하게 세상물정 하나도 모르는 시골 사람이야.
"에끼, 이 사람아. 지금 나라에서 꿀 파는 사람을 다 잡아간다는 것도 모르는가? 냉큼 집으로 돌아가게나."
시골 사람은 깜짝 놀랐지. 하지만 집으로 가자니, 돌아갈 노잣돈도 없어, "이 일을 어쩌죠?" 하니까 서울 부자가 마땅하다는 듯이 돈 석 냥을 주는 거야. 시골 사람은 고맙다면서 서울 부자에게 꿀을 그냥 줬지.
그런데 시골 사람이 허겁지겁 집으로 돌아가는 길에 다른 꿀 장수를 봤어. 슬그머니 눈치를 보니까 꿀장수를 잡아가기는커녕 사람들이 꿀을 사려고 줄을 서 있는 게 아니겠어. 석 냥이 뭐야, 서른 냥은 족히 받

노잣돈
먼 길을 오가는 데 드는 돈

동생은 들은 체도 않고 자물쇠에 열쇠 맞추기를 멈추지 않았어요. 마침내 딸깍 소리와 함께 자물쇠가 열렸어요. 그런데 보물 상자를 꺼내려고 할 때, 갑자기 방문이 활짝 열렸어요. 그사이 날이 완전히 밝아 집주인이 돌아온 거예요.
날 새는 줄 모르고 도둑질을 하던 형제는 어떻게 되었을까요? 하인들에게 불잡혀 감옥에 갇히게 되었지요.

날 새다
일을 제대로 마무리 짓기엔 너무 늦었다는 뜻. 일을 망쳤다는 뜻으로도 쓴다.

예 늦게 배운 도둑이 날 새는 줄 모른다더니 여든이 넘어 한글을 배우는 우리 할머니, 공부하는 재미에 빠지실 있습니다.

- 이야기 속에 관용구·속담의 의미·어원·활용 등을 담았어요.
- 어려운 낱말과 표현은 추가로 설명하고 있어요.
- 익살스럽고 유쾌한 그림들이 이야기 읽는 재미를 더해 줘요.
- 앞에서 배운 말을 활용할 수 있도록, 관련된 정보를 담았어요.
  - 예 는 관용구·속담을 활용한 생활 속 표현이에요.
  - 비 는 비슷한 뜻을 지닌 표현이에요.

이 책을 펼친 어린이 여러분께

어휘력을 길러 주는 이야기책

국어를 잘하려면 어휘를 많이 알아야 한다고들 해요. 그런데 어휘는 국어 공부에만 필요한 게 아니지요. 내가 하고 싶은 말이 있을 때도 어휘를 많이 알면 훨씬 정확하게 전할 수 있어요. 다른 사람 이야기를 들을 때도 마찬가지예요. 갑자기 모르는 어휘가 나오면 순간 머리가 멍해지기도 해요. 대충 알아듣긴 해도 뭔가 허전한 느낌이 들고요. 그러니 어휘란 단순히 국어 공부를 잘하기 위해서가 아니라 가족, 친구 등 주위 사람들과 좀 더 잘 소통하기 위해 꼭 필요한 것이라 할 수 있어요.

그럼 어휘를 많이 알기 위해서는 어떻게 해야 할까요? 국어사전이나 어휘집 등을 열심히 보면 될까요?

어휘의 정확한 뜻을 확인하고 싶을 때 국어사전이나 어휘집은 분명 도움이 돼요. 하지만 때로는 국어사전이나 어휘집에 실린 설명이 우리를 더 혼란스럽게 해요. 알듯 말듯 더 어렵게 느껴지게 하거든요.

예를 들어 볼까요? 사전에서 '어휘'의 뜻을 찾으면 "어떤 일정한 범위 안에서 쓰이는 낱말의 수효 또는 낱말의 전체"라고 나와 있어요. 자주 쓰는 단어라도 그 뜻을 쉽게 설명할 수 있는 사람은 많지 않아요. 그렇다고 뜻을 모르는 건 아니지만요. '어휘'라는 단어도 마찬가지일 거예요. 하지만 사전의 뜻풀

이만으로는 '어휘'의 뜻을 알고 있던 사람도 혼란스러워질 거예요.

왜일까요? 국어사전이나 어휘집은 뜻을 개념어로 간단하게 풀이해요. 개념어란 일상생활에서는 잘 쓰지 않는, 이론적인 설명에만 쓰이는 말들이에요. 따라서 이런 식의 뜻풀이로 어휘력을 넓히기는 참으로 어렵지요.

평상시 어휘력을 기르는 가장 좋은 방법은 일상생활에서 어휘가 어떤 식으로 쓰이는지를 경험하는 거지요. 마치 우리가 처음 말을 배울 때 사전의 뜻풀이 없이도 잘 배웠던 것처럼요.

우리는 하나의 어휘라도 상황과 문맥에 따라 뜻이 다르게 쓰인다는 걸 알고 있어요. 또 비슷한 뜻을 지닌 여러 가지 어휘가 상황과 문맥에 따라 다르게 쓰인다는 것도 알고 있고요. 어휘 하나하나의 뜻은 중요하지만 때로는 전체 맥락에서 그 뜻을 받아들여야 할 때도 있지요.

그래서 어휘를 익힐 때는 어휘 하나만 뚝 떼어내서 뜻을 이해하기보다는 구체적인 상황에서 어떻게 쓰이는지를 살펴보는 것이 가장 좋답니다. 이런 점에서 어휘력을 넓히기 위해 이야기만큼 좋은 건 없습니다. 확실하게 감이 오지 않던 뜻도 이야기로 보면 구체적인 상황 속에서 현실감 있게 받아들이게 되지요. 이야기로 받아들이면 오랫동안 기억할 수 있을 뿐 아니라 문맥에 따

라 달라지는 쓰임새까지 자연스럽게 익힐 수 있어요.

그래서 우리는 다양한 이야기로 우리말 사전을 만들었습니다. 어휘의 다양성을 이야기 속에 담았습니다. 그 어휘가 가지고 있는 유래, 용도에 따라 다른 쓰임, 가끔씩은 재미있는 문화와 역사까지도 이 책에 담으려고 노력했습니다.

부디 이 책이 어린이 여러분의 어휘력을 향상시키는 데 조금이나마 도움이 되길 바랍니다.

김일옥, 오진원, 정혜원

이 책을 함께 보실 부모님·선생님께

초등 어휘는 삶과 공부의 첫 단추

읽을 수는 있지만 이해하지 못하는 아이들

아이들이 말과 글을 깨치는 과정을 볼 때마다 얼마나 신통하고 기특한지 모릅니다. 모르던 말을 처음 배우고 나서 틈날 때마다 써먹으려 애쓸 때 아이들은 얼마나 의욕적인지, 저절로 뿌듯해져 마음이 벅차 오지요. 아이들이 어느새 새로 익힌 말의 주인이 되었으니 말입니다. 아는 단어를 친구에게 설명하려고 자기의 언어로 묘사하거나 비슷한 단어를 끌어들일 때 아이는 이미 언어세계에 한 걸음 들어선 것입니다.

초등 시기에 국어 능력은 모든 과목의 바탕이 되는 만큼 가장 중요합니다. 그런데 초등 3학년 때 교과목이 분과되면서부터 아이들은 학습에서 읽기 부진 등으로 곤란을 겪기 시작합니다. 즉 학습 내용을 읽어도 뜻과 맥락을 몰라 실제 알아낸 내용이 없는 경우가 많습니다. 처음 배우는 학습 내용을 모르는 어휘를 통해 이해하자니 이중고에 허덕일 밖에요.

추상성을 지닌 학습 용어뿐 아니라 감정을 드러내는 어휘의 빈곤도 심각한 수준입니다. 예를 들면 "인물의 기분은 어떨까요?"라는 질문에 "좋아요" 또는 "찝찝해요"로만 답하는 아이가 있습니다. 자신의 감정을 표현하는 어휘를 풍부하게 골라낼 수 있는 단계에 아직 이르지 못했기 때문

일 겁니다. 결국 어휘력의 빈곤은 사고력의 빈곤, 표현력의 빈곤으로 이어지니 점점 문제 해결이 어려워집니다. 반면 어휘력이 풍부한 아이라면 초등 3학년 시기는 학습이해력·적용력·표현력이 한껏 꽃피는 시작점입니다.

그러니 어휘 교육이 가장 중요한 시기는 초등 시기 전반이라고 볼 수 있습니다.

무색 무취의 어휘를 오감으로 체득하는 법, 이야기

어휘력을 늘리려면 어떤 환경이 필요할까요? 어떤 단어는 한마디 말로 뚝딱 표현하기도 어려운 데다 사전을 찾아봐도 확 와 닿지 않을 때가 있습니다. 그때 "전에 네가 달리기 시합 하고 나서 말이야, 기운이 없어서 움직일 힘도 없다고 했잖아? 그런 상태를 '기진맥진'이라고 한단다"라고 말해 주면 아이는 "아하!" 하고 끄덕입니다. 이것이 바로 이야기의 힘입니다.

이야기로 멍석을 깔아 준다면 연결 짓기가 절로 됩니다. 아이가 겪은 현실의 사건을 매개로, 아니면 아이가 알 법한 이야기에서 상황과 맥락을 끌어들여 새로운 낱말을 연결 짓는 거지요. 이야기는 흩어진 어휘들을 알알이 꿰어 줍니다. 이야기를 읽으며 따라가다 보면 저절로 어휘 찾기에 다다르게 되는 겁니다.

유쾌한 과정을 거쳐 배우면 인지효과가 오래간다는 학습이론이 있습니다. '도꼬마리'를 사전적 뜻만 알고 그친 아이에 비해, 자연 속에서 도꼬마리를 만져 보거나 혹은 도꼬마리가 들어간 옛이야기(「꽁지 닷 발 주둥이 닷 발」)를 읽어 보면 자기 삶의 맥락 안에 새로운 어휘 하나가 자리 잡게 됩니다. 추상성을 가진 어휘라도 이야기 속에서 제구실을 하는 장면으로 만나면 한결 이해가 쉽습니다. 말하자면 어휘에 대한 사전 경험이 제대로 형성되는 것이지요.

300여 편의 이야기로 익히는 초등 교과서의 필수 어휘

국어과 교육에서는 점점 맥락의 이해가 강조되고 있습니다. 단편적인 어휘도 중요하지만 그것들을 하나로 꿰어 차리려면 무엇보다 말과 글의 맥락을 알아야 합니다. 낱낱이 단어 암기하듯이 배워서는 더딜뿐더러 안정적이지도 않습니다. 우리말을 풍부하게 부려 쓸 줄 아는 바탕에서야 자

신의 배움을 말과 글로 드러낼 수 있습니다.

어휘가 풍부해지면 말귀가 열리고 말문이 트입니다. 나를 드러내는 말로 남과 소통할 수 있습니다. 듣는 힘, 말하는 힘, 읽는 힘, 쓰는 힘은 서로 별개가 아니며 그중 어느 하나도 어휘와 관련 없이는 어렵습니다. 어휘는 매일 밥을 먹듯 차곡차곡 익히는 것입니다.

이 책에는 보물지도 같은 이야기가 가득합니다. 세 권으로 구성된 이 시리즈는 초등 교과서의 필수 어휘들을 추려 내어 명사 편, 동사·부사·형용사 편, 관용구·속담 편으로 엮었습니다.

이 책을 통해 우리 아이들이 이야기라는 보물창고에 들어가 어휘를 든든히 익히게 되길 바랍니다. 익히고 익혀 자신을 이해하고 세상을 이해하는 너른 멍석을 깔기를 바랍니다.

우경숙, 위우정, 이동현

차례

ㄱ

가는 날이 장날	왜 하필 오늘일까	16
가는 말이 고와야 오는 말이 곱다	내 친구 메아리	18
가재는 게 편	너는 내 짝꿍	21
가지 많은 나무에 바람 잘 날이 없다	군자와 성인의 차이	24
갈수록 태산	바리데기 이야기	27
걸음아 날 살려라	한 방 먹은 호랑이	30
겁에 질리다	폭력 앞에 선 사람들	33
고개를 갸웃거리다	메뉴 싸움	36
고래 싸움에 새우 등 터진다	내 말 좀 들어 봐	39
고생 끝에 낙이 온다	기분 좋은 시험	42
고양이한테 생선을 맡기다	고양이가 된 오원	45
구슬이 서 말이라도 꿰어야 보배	좋은 글이란	48
군침이 돌다	돌아온 입맛	51
귀 기울이다	마음을 파고든 목소리	53
귓등으로 듣다	칼로 물 베기	57
그림의 떡	루이 브라이의 점자책	60
금강산도 식후경	잘 놀려면 잘 먹어야지	62
길고 짧은 것은 재어 보아야 안다	치마 길이 대소동	65
까마귀 날자 배 떨어진다	어디서부터 잘못됐을까	67
꿩 먹고 알 먹고	뜻밖의 행운	71

ㄴ

낫 놓고 기역자도 모른다	기역 주세요	74
낮말은 새가 듣고 밤말은 쥐가 듣는다	쉿, 삼신할머니가 듣겠어요	77
내 코가 석 자	방이 형제 이야기	80
너 나 할 것 없이	시간표 바꿔 주세요	83

누워서 침 뱉기	행운이 좋아하는 것	86
눈 깜짝할 사이	악마가 일을 해치우는 속도	89
눈살을 찌푸리다	엉큼한 중과 예쁜 처녀	92
눈에 차다	하나로 묶은 나뭇가지	95
눈이 동그래지다	칼국수가 좋아요	98
눈치를 살피다	똥강아지 꿀강아지	100
늦게 배운 도둑이 날 새는 줄 모른다	어느 늦깎이 도둑의 도전	103

ㄷ

달걀로 바위 치기	지수의 결심	106
달면 삼키고 쓰면 뱉는다	나무의 세 친구	109
닭 쫓던 개 지붕 쳐다보듯	분하지만 별수 없군	113
도토리 키 재기	다람쥐 눈에는 어떨까	115
독 안에 든 쥐	물고기를 몰아라	118
돌다리도 두들겨 보고 건너라	어떤 의사의 좌우명	121
두말하면 잔소리	점쟁이의 꿈풀이	124
등잔 밑이 어둡다	우리 동네에도 유물이 있을까	126
떡 줄 사람은 꿈도 안 꾸는데 김칫국부터 마신다	상상은 자유	129

ㅁ

마른하늘에 날벼락	도둑맞은 금덩이	132
마음을 주다	우리 친해질 수 있을까	135
말문이 막히다	엄마를 찾아주세요	138
말 한마디에 천 냥 빚도 갚는다	양반의 천 냥 빚	141
모르는 게 약이요 아는 게 병	내일을 볼 수 있다면	144
목이 막히다	가난한 부부의 다짐	147
목이 빠지게 기다리다	망부석이 된 여인	150
믿는 도끼에 발등 찍힌다	쓸데없는 도끼 자랑	153
밑 빠진 독에 물 붓기	다시 읽는 콩쥐팥쥐 이야기	156

ㅂ

바늘 도둑이 소도둑 된다	잘못된 자식 사랑 159
발 없는 말이 천 리 간다	다들 어떻게 알았지 162
발이 떨어지지 않다	사고 싶은 게 서로 달라 165
방귀 뀐 놈이 성낸다	이야기 잔치의 방귀쟁이 169
배꼽을 쥐다	사랑스러운 재롱 잔치 172
백지장도 맞들면 낫다	마법 스프 175
비 온 뒤에 땅이 굳어진다	힘든 일 뒤엔 기쁜 일 178
빈 수레가 요란하다	배불뚝이의 허세 181

ㅅ

서당 개 3년에 풍월을 읊는다	구구단은 너무 어려워 184
설 자리를 잃다	그 많던 문방구는 어디로 갔을까 187
소 잃고 외양간 고친다	게으른 농부 190
손꼽아 기다리다	기다림은 행복해 193
시간은 금이다	벤저민의 책값 196
식은 죽 먹기	이쯤이야 거뜬하게 할 수 있지 199

ㅇ

어깨가 으쓱해지다	미륵님의 선물 202
어림 반 푼어치도 없다	생떼 부린 부자 205
어안이 벙벙하다	도대체 왜 207
언 발에 오줌 누기	머리 아픈 숙제 210
얼굴을 붉히다	사은품 쟁탈전 213
옥에도 티가 있다	화씨벽 이야기 217
우물 안 개구리	개구리의 지상낙원 220
웃는 낯에 침 뱉으랴	엄마의 마음을 녹이자 223
원수는 외나무다리에서 만난다	무섬마을의 외나무다리 226
원숭이도 나무에서 떨어진다	실수해도 괜찮아 229
윗물이 맑아야 아랫물이 맑다	원님이 되고 싶은 시골 부자 232
입맛을 다시다	여우와 포도 235

	입술을 깨물다	쇠똥구리와 독수리 238
	입이 딱 벌어지다	어리석은 호랑이 241
ㅈ	자라 보고 놀란 가슴 솥뚜껑 보고 놀란다	고슴도치와 밤송이 244
	주먹을 불끈 쥐다	동민이는 억울해 246
	쥐구멍에도 볕 들 날 있다	나도 빛나고 싶어 248
	지렁이도 밟으면 꿈틀한다	프랑스 국가에 숨은 뜻 251
ㅋ	콧등이 시큰하다	함께 가는 고래들 254
	콧방귀를 뀌다	선비의 소원 256
	콩 심은 데 콩 나고 팥 심은 데 팥 난다	콩밭인가 팥밭인가 259
ㅌ	토를 달다	훈장님과 아이들 262
	티끌 모아 태산	황금을 잃어버린 가난뱅이 265
ㅍ	팔이 안으로 굽지 밖으로 굽나	미우나 고우나 우리 형 268
	풀 죽다	생명을 기른다는 것 271
	피부로 느끼다	엄마 아빠 없는 밤 274
	핑계가 좋아서 사돈네 집에 간다	가랑비와 이슬비 277
ㅎ	하늘 높은 줄 모르다	어느 특별한 명절 280
	하늘의 별 따기	우리 모두는 잘하는 게 달라 283
	한 귀로 듣고 한 귀로 흘리다	정승 아들과 소의 공부 대결 286
	한 입으로 두말하기	스님과 농부의 내기 289
	허리를 펴다	소가 된 아이 292
	혀를 차다	마음을 울린 판소리 한 자락 295
	혼쭐 빠지다	특명! 동방삭을 잡아라 299

이렇게 만들었어요 … 4   이 책을 펼친 어린이 여러분께 … 5
이 책을 함께 보실 부모님·선생님께 … 8

> ## 가는 날이 장날
> 원래 할 일이 있는데 뜻밖의 일이 겹친 상황.
>
> 속담

 ## 왜 하필 오늘일까

옛날 어느 마을에 자나 깨나 앉으나 서나 책만 읽는 선비가 있었어요. 선비는 오로지 책만 볼 뿐 다른 일에는 도통 관심이 없었어요. 그런 선비를 보다 못한 아내가 말했어요.

"여보, 집에서 책만 읽지 말고 세상 구경도 좀 해 보세요."

"허허, 세상에 나서려면 책을 읽어야 한다오."

"그러지 말고 친구네 집에 놀러 가 보지 그러세요?"

"친구?"

그러고 보니 친구들을 만난 지가 너무나도 오래되었어요. 선비는 친구들이 어찌 살고 있는지 궁금해졌죠. 내친김에 채비를 해서 친구를 만나러 갔답니다. 친구네 집에 다다르자 마음이 들떴어요.

"이보게, 김 선달, 집에 있는가?"

삐거덕 대문이 열리고 나온 사람은 김 선달네 부인이었어요.

"아휴, 오랜만에 오셨는데 어쩌지요? 내일 저희 집에 제사가 있어 장을 보러 가셨답니다."

아쉬웠지만 발걸음을 돌릴 수밖에 없었어요.

"이왕 왔으니 친구 개동이나 보고 갈까?"

선비는 이 진사 댁으로 갔답니다. 친구 개동이는 이 진사 댁 아들이랍니다. 어릴 때 같이 서당에 다녔던 친구였지요.

"진사 어른, 그간 안녕하셨습니까?"

"그래, 참으로 오랜만이군. 그런데 어쩌나? 개동이 녀석이 하필이면 오늘 장에 갔다네. 자네도 알다시피 오늘 오일장이 서는 날 아닌가?"

선비는 한숨을 푹 내쉬었어요. 하필 친구를 만나러 온 날이 장날이라니.

친구는 만나지 못했지만, 장이 섰다고 하니 선비도 시장에 가 보았답니다. 시끌벅적 요란한 시장에는 사람도 많고, 신기한 물건도 많았어요.

"이왕 왔으니, 우리 부인 선물이나 하나 사 가야겠다."

선비는 예쁜 거울과 빗을 사 들고 집으로 왔어요. 생각지도 못한 선물을 받게 된 선비의 아내는 몹시 기뻤어요.

"어머나! 예뻐라. 여보, 정말 고마워요. 그런데 어찌 선물을 사 오실 생각을 다 하셨어요?"

선비는 심드렁하게 대꾸했답니다.

"가는 날이 장날이더군."

그러고는 다시 책을 펼쳐 들더래요.

㉮ 가는 날이 장날이라고 체육대회만 하면 비가 오네.
㉯ 가는 날이 생일, 오는 날이 장날

③ 굳어진 문장: 관용구·속담

> **속담**
>
> ## 가는 말이 고와야 오는 말이 곱다
> 대화를 할 땐 내가 먼저 말을 잘해야 남도 자기에게 잘한다.

 ### 내 친구 메아리

어린 목동은 매일 양을 데리고 산을 오른답니다. 하루는 늘 다니던 길을 벗어나 새로운 곳으로 양을 몰고 갔어요. 낯선 골짜기에 이른 목동은 살짝 겁이 났어요. 마치 누군가가 자기 뒤를 따라오는 느낌이었어요. 목동은 몇 번이나 뒤를 돌아보았지만 아무도 없었지요. 목동은 용기를 내어 외쳤어요.

"거기 누구요?"

그러자 잠시 후 "누구요?" 하는 소리가 들려왔어요. 목동은 자기 말고 다른 목동이 멀찍이 떨어진 어느 곳에 양 떼를 데리고 다니는 줄 알았어요. 목동은 친구가 생기면 참 좋겠다고 생각했어요.

"야, 이리 와 봐."

목소리 주인은 오지 않고 목동의 말을 따라 할 뿐이었지요.

"이리 와 봐."

목동은 마치 놀림받는 기분이었어요.

"바보, 멍청이!"

목동이 욕을 하자 목소리 주인도 욕을 했어요. 목동은 서둘러 집으로 돌아왔답니다. 얼굴도 모르는 이에게서 욕을 얻어먹다니. 목동은 너무 속상해서 엉엉 울었어요.

"아가, 왜 우니?"

엄마가 묻자 목동은 오늘 있었던 일을 들려주었어요.

"아가, 그건 메아리란다. 내일은 그 친구에게 가서 인사를 해 주렴. 가는 말이 고우면 오는 말도 곱단다."

다음 날 목동은 산에 올라가 외쳤어요.

"안녕?"

그러자 메아리도 대답했어요.

"안녕."

목동은 또 소리쳤지요.

"우리 친구 하자."

그러자 메아리도 대답했어요.

"우리 친구 하자."

목동은 그 뒤로도 양들을 데리고 이리저리 산을 옮겨 다녔지요. 그러면서 가끔 심심할 때마다 메아리 친구에게 말을 걸었답니다.

"안녕, 친구야, 잘 있었니?"

그러면 메아리 친구도 정답게 대꾸해 준답니다.

"안녕, 친구야, 잘 있었니?"

목동은 점점 자라 어른이 되었어요. 그러면서 메아리는 산에만 있는 게 아니라는 걸 알게 되었어요. 자기가 한 말은 항상 메아리가 되어서 돌아온다는 것을, 가는 말이 고우면 오는 말도 곱다는 것을 깨닫게 된 것이지요.

> 예 친구에게 칭찬받고 싶으면 네가 먼저 칭찬하는 건 어떨까? 가는 말이 고우면 오는 말도 고운 법이잖니.

가재는 게 편

모양이나 형편이 비슷한 것끼리 서로 마음이 잘 통한다.

 너는 내 짝꿍

    가난한 농부와 부유한 상인이 함께 여행을 하고 있었어요. 가난한 농부는 암말을 타고 있었고, 부유한 상인은 수말이 끄는 마차를 타고 다녔지요. 두 사람은 숙소에서 같이 자게 되었는데, 밤새 농부의 암말이 망아지를 낳았어요. 그런데 망아지가 상인의 마차 아래로 굴러 들어갔답니다.

  "밤새 내 암말이 새끼를 낳았군."

  "천만에. 자네 말이 낳았다면 그 망아지는 제 어미 곁에 있어야지. 내 수레 밑에 있었으니 내 것일세."

    두 사람은 서로 말다툼을 벌였고, 결국 재판을 하기로 했어요. 상인은 재판관에게 몰래 돈을 쥐어 주었어요. 가재는 게 편이라더니, 탐욕스러운 재판관은 망아지가 부유한 상인의 것이라고 했어요.

  "재판관님, 상인의 말은 수말입니다. 수말이 어떻게 망아지를 낳는다는 말입니까?"

  "시끄럽다. 수말이 망아지를 낳지 않았다면, 수레가 낳은 모양이지!"

    재판관은 농부의 말은 들은 척도 하지 않았어요. 농부는 너무 억울했답니다. 농부의 지혜로운 딸이 말했지요.

"아버지, 임금님께 가서 재판을 다시 청해 보세요."

"어림없는 소리다. 임금님이야말로 가장 힘이 세고 부유한 사람이지. 부자들은 언제나 부자 편을 들게 마련이다. 가재는 게 편이라고 하지 않더냐."

"임금님의 힘과 부는 가난한 백성들에게서 나온 것이랍니다. 현명한 분이라면 결코 모르는 척하지 않으실 겁니다."

그래서 농부는 임금님께 다시 재판을 청했어요. 하지만 임금님은 백성들의 재판을 모두 들어 주는 게 귀찮았어요.

"내게 재판을 부탁하려면, 걸어오지 않고 말에 타지도 않고, 벌거벗지 않고 옷을 입지도 않고, 선물을 들고 오는 것도 안 되지만 빈손이어서도 안 된다."

임금님은 마치 수수께끼 같은 조건을 내걸었지요. 그러자 농부의 딸은 모든 옷을 벗고, 그물로 만든 옷을 입고, 손에는 메추리를 들고 염소를 타고 임금님 앞으로 갔어요.

"임금님, 선물입니다" 하면서 풀어놓은 메추리는 포르르 공중으로 날아가 버렸답니다. 임금님은 농부의 딸을 보고 껄껄 웃었답니다.

"상인은 농부에게 망아지를 돌려주어라. 마차가 망아지를 낳았다고 우기는 재판관은 자리에서 물러나게 하라."

그리고 임금님은 농부의 딸에게 말했답니다.

"내 아내가 되어 주겠소?"

농부의 딸은 싱긋 웃었습니다.

"초록은 동색, 저는 임금님이 수수께끼를 냈을 때부터 하늘이 내린 제 짝인 걸 알았습니다."

"옳소. 지혜로운 사람은 언제나 지혜로운 사람을 곁에 두고 싶어 하지."

농부의 딸은 왕비가 되어 임금님과 함께 나라를 아주 지혜롭게 다스렸답니다.

> 예) 가재는 게 편이라더니, 쌍둥이인 민호와 민혁이는 토론 때도 같은 입장이었다.
> 비) 초록은 동색

> **속담**
> ## 가지 많은 나무에 바람 잘 날이 없다
> 자식을 많이 둔 어버이에게는 근심, 걱정이 끊이지 않는다.

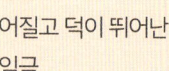 ## 군자와 성인의 차이

중국에서는 역대 임금 중에서 나라를 가장 잘 다스린 사람으로 요임금과 순임금을 꼽는답니다. 성군(聖君)이라 불릴 만큼 덕이 높아 오늘날까지도 뭇 사람들의 존경을 받지요. 그중 요임금에 대한 이야기랍니다.

요임금은 각 지방의 어려움을 살펴보기 위해 전국을 직접 돌아다녔답니다. 화(華)라는 지방에 가자, 그 지방의 국경을 지키는 벼슬아치인 봉인이 요임금 앞에 나와 말했습니다.

"임금님은 성인(聖人)이시군요. 부디 오래 사시길 비나이다. 우리 임금님 부디 부자 되시길 비나이다."

그러자 요임금은 고개를 흔들었답니다.

"그만두시오."

하지만 봉인은 계속 축복의 말을 이어 갔지요.

"그렇다면 우리 임금님 부디 많은 자식을 두시게 되길 비나이다."

요임금은 손사래를 치면서 그만두라고 했지요. 봉인이 물었습니다.

성군
어질고 덕이 뛰어난 임금.

성인
지혜와 덕이 매우 뛰어나 우러러 본받을 만한 사람. 유교에서 가장 존경받는 사람.

"오래 사는 것, 부유함, 그리고 많은 자식을 두는 건 모든 사람이 바라는 바이온데, 어찌하여 임금님께서는 싫다 하십니까?"

"자식이 많으면 두려움이 많기 마련. 가지 많은 나무에 바람 잘 날 없는 것과 매한가지라오. 부자가 되면 귀찮은 일이 많이 생기오. 한 사람이 많은 부를 가지면 어찌 복잡한 일이 생기지 않으리오? 오래 살면 그만큼 욕도 많이 듣게 되오. 그대가 내게 빌어준 자식복, 돈복, 만수무강은 인격 수양을 하여 덕을 기르는 데 아무런 도움이 되지 않는다오. 그래서 나는 그 축복을 받아들일 수 없소."

요임금의 말을 듣고 봉인은 고개를 흔들었답니다.

"임금님은 아직 군자(君子)밖에 되지 않으셨군요.

> **군자**
> 행실이 점잖고 어질며 덕과 학식이 높은 사람. 유교에서는 성인 다음으로 존경받는 사람.

> **무자식이 상팔자**
> 자식이 없으면 걱정도 없어 편하다는 뜻.

하늘은 사람을 낳으면 그들 모두에게 각자의 역할을 주는 법이랍니다. 무자식이 상팔자라는 말은 덕에 이르지 못한 사람들이 하는 말이지요. 자식이 많아도 그들 모두는 다 제 역할이 있을 텐데 임금께서는 무엇이 두렵다는 말씀입니까? 부자가 되면 그 부 또한 사람들에게 나누어 주면 될 일입니다."

요임금은 봉인의 말에 깜짝 놀랐답니다. 보통 사람이 아닌 게 분명했어요. 봉인은 다시 말을 이었습니다.

"천하에 도가 있다면 만물과 함께 번성하고, 천하에 도가 없어 세상이 어지럽다면 자기 본래의 덕을 닦으며 고요하게 살면 되지요. 그리하여 천년을 살다가 구름을 타고 하늘에 오르면 된답니다. 이렇게 순리를 따르기만 한다면 임금님께서 말씀하시는 세 가지 근심은 찾아들지도 않고, 몸에도 아무런 해가 되지 않을 텐데, 무슨 욕됨이 있단 말입니까?"

요임금은 그 자리에서 바로 봉인의 가르침을 받아들였다고 합니다.

이것은 『장자』라는 책에 나오는 이야기입니다. 요약하자면 두려움을 알면 군자요, 그 두려움을 뛰어넘으면 성인이 된다는 뜻일지도 모르겠어요.

> 예 가지 많은 나무에 바람 잘 날 없다더니, 우리 5남매가 돌아가면서 앓는 바람에 엄마와 아빠는 병원엘 열 번도 넘게 들락날락했다.

갈수록 태산

문제가 점점 커지는 상황.

속담

 **바리데기 이야기**

바리데기는 아버지를 살리기 위해 저승을 다녀온 효녀예요. 바리데기라는 이름은 '버려진 아이'라는 뜻이랍니다. 바리데기 이야기 한번 들어 볼래요?

바리데기의 아버지는 딸 여섯에 또 딸이 태어나자 일곱 번째 딸인 바리데기를 내다 버렸지요. 그 후 아버지가 몹쓸 병에 걸렸는데 의원은 저승 약수를 마셔야 나을 수 있다고 했어요. 다른 딸들이 모두 가기 싫다고 하자 아버지는 바리데기를 찾았어요. 바리데기는 자기를 버린 아버지가 원망스러웠지만 낳아 준 은혜를 생각하여 저승에 가겠다고 했어요.

바리데기는 저승으로 가는 길에 들판에서 밭 가는 아저씨를 만났어요.

"아저씨, 저승이 어딘지 가르쳐 주세요."

"밭을 다 갈면 가르쳐 주지."

바리데기가 밭을 다 갈자 아저씨가 말했어요.

"저 산 너머 계곡에서 빨래하는 할머니를 찾아가 물어보아라."

바리데기는 인사를 하고 산을 올라갔어요. 산은 높고 험했어요.

'갈수록 태산이라더니, 언제 산을 다 넘어가지.'

겨우 계곡에 다다르니 한 할머니가 산더미 같은 빨래를 하고 있었어요.

"할머니, 저승이 어딘가요? 제게 가르쳐 주세요."

"이 빨래를 다 해 주면 가르쳐 주마."

바리데기는 땀을 뻘뻘 흘리며 석 달 열흘 동안 빨래를 해 주었어요.

"저 산 너머 개울가에서 숯을 씻는 할아버지에게 물어보렴."

바리데기는 높은 산을 보고 한숨을 쉬었어요.

'정말 갈수록 태산이로구나.'

하지만 죽어 가는 아버지를 생각하자 힘이 났어요. 바리데기는 산을 허위허위 넘어 개울로 갔어요. 그리고 숯을 씻고 있는 할아버지에게 물었어요.

"약수를 구하러 가는 중이에요. 저승 가는 길이 어디인가요?"

"이 검은 숯을 하얘질 때까지 씻어 주면 가르쳐 주지."

바리데기는 정성을 다해 숯을 씻었어요. 드디어 숯이 하얗게 변했어요.

"저 강을 건너면 저승이니라."

바리데기는 배를 타고 강을 건넜어요. 이번에는 키가 소나무만 한 괴물 총각이 저승 문을 지키고 있었어요. 바리데기는 공손하게 말했어요.

"저는 병든 아버지를 위해 약수를 구하러 왔습니다."

"약수를 얻으려거든 나와 혼인하여 삼형제를 낳아 주시오."

바리데기는 너무 놀랐지만 괴물 총각과 혼인하여 아들 셋을 낳아 주었지요. 그리고 약수와 죽은 사람을 살리는 뼈살이꽃, 피살이꽃, 살살이꽃, 숨살이꽃을 얻어다가 아버지를 살렸대요.

예 안 그래도 집에서 늦게 나왔는데 뛰다가 넘어지기까지 했으니 갈수록 태산이구나!
비 산 넘어 산이다 | 재는(산은) 넘을수록 험하고 내는(물은) 건널수록 깊다

> **걸음아 날 살려라**
> 있는 힘을 다해 도망치다.
>
> 관용구

 한 방 먹은 호랑이

「토끼전」에 나오는 이야기 하나 해 볼까요? 자라는 병든 용왕을 구하기 위해 토끼 간을 구하려고 뭍으로 나왔어요. 한데 토끼 얼굴을 본 적이 없으니 도무지 찾을 수가 없었지요.

마침 건넛산 꼭대기에 짐승들이 모여 앉아 회의를 하고 있었어요. 여우, 사슴, 노루, 담비, 너구리, 곰, 다람쥐, 멧돼지……. 여러 짐승이 나이 자랑을 하며 서로 자기가 어른이라고 우겨 대고 있었답니다.

그때 여러 날 굶은 호랑이 한 마리가 숲 속에서 나와 슬금슬금 다가갔어요. 먹을 것을 찾아 헤매고 다니던 호랑이는 먹잇감이 한자리에 모여 있는 것을 보자 너무 좋아 저도 모르게 으르렁, 소리를 질렀어요.

그 소리에 놀란 짐승들은 꼬리를 엉덩이 속으로 말아 넣고 오줌을 질금질금 쌌어요. 작고 빠른 다람쥐와 담비만 걸음아 날 살려라 도망을 쳤지요.

"뭐하고 있었느냐?"

노루가 나서서 대답했어요.

"누가 어른인지 나이 자랑 하고 있었습니다."

"누구 나이가 가장 많으냐?"

"어저께 태어났대도 호랑이 장군님이 최고 어른이지요."

호랑이는 어른이라는 말에 좋아하며 어깨춤을 추었어요.

그때 자라가 짐승들이 모여 있는 곳에 토끼가 있을 줄 알고 큰 소리로 토끼를 불렀어요. 그런데 수만 리 바닷길을 아래턱으로 밀고 나오다 보니 힘이 빠져서 '토'자를 '호'자로 잘못 불렀답니다.

"저기 숲 속에 얼쑹덜쑹한 것이 토…… 토…… 토…… 호 생원 아니시오?"

호랑이는 자기를 부르는 줄 알고 한달음에 자라에게 달려왔어요. 자라는 깜짝 놀라 목을 움츠렸지요. 호랑이는 자라를 요리조리 훑어보았어요.

"부침개인가? 고소한 냄새는 안 나는데. 그럼, 사람들이 성묘 왔다 버리고 간 나무접시인가? 나무접시라면 굽이 있어야 하는데. 아, 그러면 하느님 똥인가 보다. 하느님 똥 먹으면 늙지 않고 오래 산다더라. 얼른 먹어야겠다."

호랑이는 억센 발톱으로 자라 등을 찍으려 했어요. 자라는 용왕의 약도 못 구하고 죽게 되었다 싶었지요. 그러자 갑자기 용기가 솟구쳤어요. 어차피 죽

을 것이라면 용감하게 싸워 보고 죽는 것이 낫다는 생각이 든 것이지요.

"네 이놈! 나는 수궁에서 온 별주부 별나리니라. 우리 용왕이 병이 들어 의원에게 물었더니 호랑이 쓸개가 약이라더라. 도리랑귀신 잡아타고 너 잡으러 나왔다. 도리랑귀신, 게 있느냐? 어서 저 호랑이 배를 갈라라."

자라가 도리랑, 도리랑 소리치며 목을 조금씩 꺼내자 호랑이가 깜짝 놀라 뒤로 물러섰어요.

"여보시오, 별나리. 무슨 목이 그렇게 끝도 없이 나온다는 말이오?"

"오냐, 내 목은 하루에 수천 발, 수만 발 계속 나온다."

자라는 호랑이 뒷다리 사이로 달려들어 배꼽을 꽉 물고 늘어졌어요. 호랑이는 아파서 죽겠다고 팔짝팔짝 뛰고 야단이 났지요. 자라가 슬그머니 놓아주자 호랑이는 걸음아 날 살려라 도망을 쳤어요. 얼마나 놀랐는지, 저기 남쪽 무등산에서 북쪽 금강산까지 한달음에 달렸답니다.

예 사냥꾼은 호랑이를 보자 걸음아 날 살려라 달아났다.

겁에 질리다
잔뜩 겁을 먹다.

 폭력 앞에 선 사람들

지구는 지금껏 단 한 번도 전쟁을 멈추지 않았다.

정민이는 언젠가 이런 말을 들은 적이 있어요. 하지만 별 신경을 쓰지 않았지요.

휴전선이란 그 선을 경계로 전쟁을 쉬고 있다는 뜻이다. 그러니까 지금 남한과 북한은 전쟁을 쉬고 있는 상태이지 전쟁이 끝난 상태가 아니다.

이런 말을 들은 적도 있어요. 하지만 이 역시 별로 신경이 쓰이진 않았어요. 전쟁이 끝난 게 아니라고는 하지만 한반도에서는 벌써 60년도 넘게 전쟁이 일어나지 않았으니까요.

그런데 얼마 전부터 전쟁이 진짜 현실에서 일어나는 일이라는 게 느껴지기 시작했어요.

정민이는 평소엔 텔레비전 뉴스 같은 건 보지도 않았어요. 만화나 가요,

오락 프로그램만 보았지요.

 하지만 우연히 텔레비전 뉴스에서 전쟁 장면을 보게 됐어요. 화면 속에 나온 건 군인이 아니었어요. 겁에 질린 여자와 어린아이였어요. 정민이가 지금껏 생각했던 전쟁은 군인들이 총과 포를 쏘며 싸우는 것이었어요. 전쟁이 일어나면 죽는 건 군인들이라고만 생각했어요.

 "전쟁이 일어나면 군인들이 주로 죽는다고 생각하지만 실은 평범한 사람들이 훨씬 더 많이 죽는단다."

 겁에 질린 표정으로 뉴스를 보는 정민이를 보고 아빠가 말했어요.

 "전쟁하면 모두 다 손해인 것 같은데, 왜 이렇게 전쟁을 해요?"

"글쎄, 이익을 보는 쪽이 있기 때문이 아닐까?"

"모든 게 파괴되고 사람들이 죽는데 이익을 보는 쪽이 있다고요?"

"너희 친구들도 싸울 때가 있지? 싸우면 둘 다 상처 투성이가 되지만 결국엔 이긴 친구의 세력(勢力)이 더 세지잖아. 그런 것과 비슷한 거라 할 수 있어. 이긴 쪽은 진 쪽에 세력을 행사하게 되거든."

세력
집단이나 무리의 힘 또는 권력.

정민이는 놀랐어요. 지금껏 아이들 싸움과 전쟁은 아무 상관도 없다고 생각했는데, 아빠 말을 듣고 보니 관련이 있는 것 같기도 했어요. 그리고 한 아이가 생각났어요. 텔레비전 속, 겁에 질린 아이의 눈빛과 닮은 그 아이의 눈빛도요.

어느 날, 학교에서 가장 힘센 철식이가 그 아이를 일방적으로 두들겨 팼어요. 정민이는 우연히 그 장면을 목격했어요. 그 일이 있은 뒤 그 아이의 눈빛은 달라졌어요. 특히 철식이만 보면 겁에 질려 있는 걸 알 수 있었죠.

정민이는 그렇게 일방적인 관계는 싸움이 아니라고 생각했어요. 하지만 아빠 말을 듣고 보니 아무래도 맞는 것 같았죠. 문득 그 아이의 겁에 질린 눈빛을 바꿔 주고 싶어졌어요.

예 길고양이는 겁에 질린 눈으로 나를 쳐다보았다.

> **고개를 갸웃거리다** `관용구`
> 망설이다. 의심스러워 하다.

 ## 메뉴 싸움

"뭐 먹으러 갈까? 둘이 알아서 정해!"

엄마가 물었어요.

유민이랑 아빠는 서로 바라보며 고개를 끄덕였지요. 이번에는 서로 먹고 싶은 메뉴를 미리 꼭 맞추자는 신호였어요.

평소 유민이랑 아빠는 먹고 싶은 것에 대한 좋고 싫음이 아주 분명해요. 덕분에 지난번에는 외식을 하러 나갔다가 밥도 못 먹고 다시 돌아왔어요. 기분 좋게 나갔다가 서로에게 화가 나서 돌아온 거죠.

이유는 간단해요. 먹고 싶은 게 달랐던 거예요. 먹고 싶은 걸 먹으려면 가족끼리 오붓한 외식을 할 게 아니라, 각자 따로 가야 할 형편이었어요. 지금 생각하면 엄마까지 다수결로 결정해도 괜찮았을 것 같은데, 당시는 유민이나 아빠나 서로 먹고 싶은 걸 절대 포기하지 못했어요. 엄마의 의견은 이미 중요하지 않았던 거예요.

> **오붓하다**
> 따뜻하고 정겹고 편안하다.

결국 화가 난 엄마는 단호하게 말했죠.

"그럴 거면 그냥 집으로 가서 라면이나 끓여 먹어."

"좋아. 차라리 집에 가서 라면이나 먹어."

"나도 좋아."

어처구니없게도 이렇게 해서 외식을 나갔다가 도로 집에 돌아와 라면을 끓여 먹는 사태(事態)가 벌어졌던 거예요. 그러니 지난번 같은 일이 벌어지지 않아야 한다는 게 유민이와 아빠의 각오일 수밖에 없었어요.

사태
형편. 상황. 상태.

유민이는 아빠랑 먹고 싶은 메뉴를 세 가지씩 이야기하기로 했어요.

"돈가스!"

"탕수육!"

"샤브샤브!"

"불고기!"

유민이와 아빠가 돌아가며 메뉴를 이야기했지만 메뉴는 미묘하게 비껴 나갔어요. 부녀는 고개를 갸웃거렸어요. 오늘도 실패인가 싶었지요. 둘은 세 번째 메뉴를 동시에 외치기로 했어요.

"추어탕!"

"추어탕!"

다행히 한 가지가 겹쳤어요. 유민이랑 아빠는 서로 마주 보고 고개를 끄덕였어요. 그리고 엄마를 향해 자신 있게 외쳤죠.

"추어탕!"

엄마는 유민이랑 아빠가 의외로 빠르게 결정

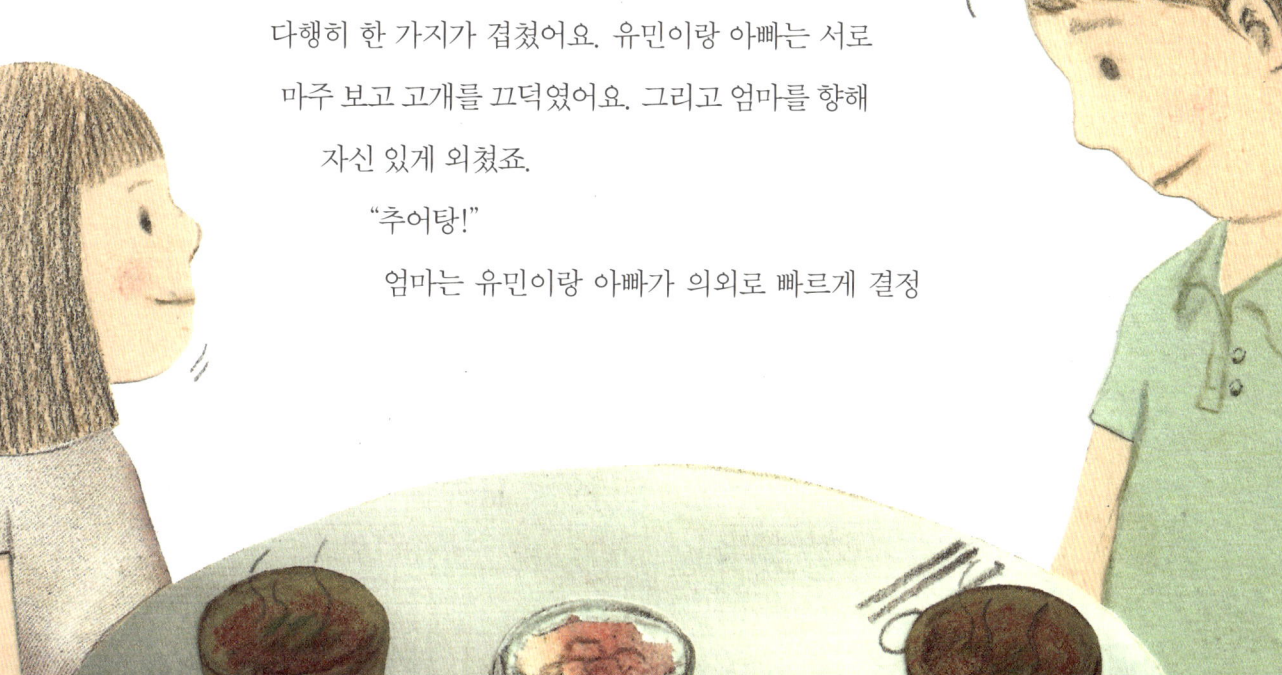

한 것에 놀랐는지 고개를 갸웃거렸어요.

"둘 다 확실한 거지?"

유민이랑 아빠는 엄마를 보며 다시 한 번 고개를 끄덕였지요.

추어탕 집엔 사람이 많았어요. 자리가 날 때까지 밖에서 기다리다 겨우 자리에 앉을 수 있었어요.

"추어탕 세 개하고 미꾸라지 튀김이요."

추어탕이 나오자마자 유민이는 얼른 한 수저 가득 입에 넣었어요.

"음, 좋다. 바로 이 맛이야."

고개가 절로 끄덕여졌어요.

그 모습을 보던 엄마 아빠도 웃으면서 추어탕을 한 수저 가득 입에 넣고는 고개를 끄덕였어요.

"맛있지? 추어탕도 맛있고, 미꾸라지 튀김도 맛있지?"

"그래. 다음에도 제발 오늘처럼 의견을 꼭 맞춰서 기분 좋게 먹으러 오자고."

엄마 말에 유민이랑 아빠는 웃으며 고개를 끄덕였지요.

예 왓슨은 목격자의 증언이 앞뒤가 맞지 않는다며 고개를 갸웃거렸어요.

> **속담**
>
> ## 고래 싸움에 새우 등 터진다
> 힘센 것들이 싸우는 통에 아무 상관없는 약자가 피해를 입는다.

 **내 말 좀 들어 봐**

동해에 수많은 고래가 살고 있을 때 이야기예요. 하루는 고래끼리 큰 싸움이 벌어졌어요. 싸움의 주인공은 범고래와 귀신고래였어요.

평소에 범고래는 새로 이사 온 귀신고래를 못마땅하게 생각했어요. 지금까지 자기가 왕 노릇을 했는데, 귀신고래가 온 후 상황이 달라졌어요. 범고래는 언젠가 귀신고래를 혼내 주리라 마음먹고 있었어요.

드디어 아침나절에 일이 터졌어요. 범고래 집 앞을 지나던 귀신고래가 꼬리로 동굴 문짝을 건드려서 부서뜨린 거예요. 범고래는 귀신고래를 찾아가 결투를 신청했어요.

"너는 어디서 놀던 녀석이 우리 바다에 와서 함부로 까부는 거냐? 남의 문짝을 망가뜨렸으면 사과를 해야 할 것 아냐."

범고래가 다짜고짜 목소리를 높이자 귀신고래도 가만히 있지 않았어요.

"웃기는 녀석일세. 너는 꼬리에도 눈이 달렸냐? 그리고 너희 집 문짝이 너무 앞으로 나와 있다는 생각은 안 해 봤냐?"

"좋아. 그럼 힘으로 옳고 그름을 가리자!"

"누가 겁낼 줄 알고?"

말이 끝나자마자 두 고래는 싸우기 시작했어요. 커다란 몸을 부딪칠 때마다 물결이 사나워지고 큰 파도가 생겼어요. 크고 작은 물고기들은 정신없이 이리저리 휩쓸렸어요. 견디다 못한 물고기들이 새우에게 부탁했어요.

"새우 어르신, 고래들의 싸움을 말릴 분은 어르신밖에 없습니다. 어서 고래들을 따끔하게 야단쳐 주세요."

새우는 비록 몸집은 작아도 수염 덕분에 바다의 어른 대접을 받고 있었어요. 새우는 물고기들에게 등을 떠밀려 할 수 없이 고래들이 싸우는 곳으로 갔어요. 마침 두 고래는 싸움을 멈추고 쉬고 있었어요.

"그만들 하게. 싸움으로 옳고 그름을 가리는 것은 어리석은 일이야."

고래들의 귀에는 새우의 작은 목소리가 들리지 않았어요. 거친 숨을 헐떡거리느라 아무 소리도 들을 수 없었지요. 새우가 다시 말했어요.

"어른이 말하면 좀 듣게나. 자네들 때문에 다른 물고기들이 고통을 겪고 있다네."

새우의 말이 끝나기도 전에, 범고래와 귀신고래는 기운을 차리고 서로를 노려보았어요. 새우는 가슴이 두근거렸어요. 다시 싸움이 시작되기 전에 피해야 한다고 생각했어요. 그러나 새우가 그곳을 벗어나기도 전에, 고래들은 있는 힘껏 달려들어 온몸으로 부딪쳤어요.

쾅 소리와 함께 바다가 뒤집혔고, 엄청난 물기둥이 솟구쳐 올랐어요. 새우는 붕 떠서 바닷가 모래밭으로 날아갔어요. 정신을 차리고 보니 등껍질이 부서져 있었어요. 고래 싸움에 새우등이 터져 버린 거예요.

예 전쟁을 하면 애꿎은 백성들이 다칠 것이고, 그건 고래 싸움에 새우 등 터지는 꼴이 아니겠소?

> **속담**
>
> ## 고생 끝에 낙이 온다
> 어려운 일이나 고된 일을 겪으면 반드시 좋은 일이 생긴다.

 기분 좋은 시험

시험지를 받아 든 용화는 속으로 환호성을 질렀어요. 선생님도 기특하다는 듯이 용화를 바라봤지요.

이번 용화의 수학 성적은 96점! 지난번보다 무려 30점 가까이 올랐지요. 아니, 지난번만이 아니에요. 용화의 수학 점수는 지금껏 단 한 번도 80점을 넘은 적이 없었어요. 겨우 60점을 넘긴 적도 여러 번이었지요.

용화는 집까지 달려갔어요. 얼른 엄마한테 자랑하고 싶었거든요.

"엄마!"

용화는 엄마를 보자마자 가방에서 자랑스럽게 수학 시험지를 꺼내 보였어요.

"와! 정말 대단한데? 고생 끝에 낙이 온다더니 우리 아들, 그동안 고생한 보람이 있네."

이번엔 엄마가 용화를 꼭 껴안아 줬어요.

용화는 정말 기분이 좋았어요.

지난 한 달 동안 용화는 수학 공부 때문에 정말 고생을 많이 했어요. 1학년 때부터 늘 수학 성적이 안 좋았기 때문에 수학엔 관심도 없었어요. 당연히

기초도 전혀 없었지요. 갑자기 공부를 시작하자니 막히는 게 한두 가지가 아니었어요.

4학년 수학을 풀기 위해 2~3학년 책까지 챙겨 봐야 했어요. 그럴 때면 무척이나 자존심이 상했어요.

용화가 갑자기 수학 공부를 해야겠다고 마음먹은 데는 이유가 있어요. 유치원 때부터 친하게 지내던 친구 수영이 때문이에요.

어느 날 수영이가 우연히 용화의 수학 시험지를 보게 됐지요.

"너, 수학 원래 이렇게 못하니?"

용화는 자존심이 팍 상했어요. 수영이의 말투나 눈빛이 수학을 못하는 용화를 무시하는 것처럼 느껴졌죠.

"왜 남의 시험지를 함부로 봐?"

용화는 화를 버럭 내며 시험지를 뺏었지요. 그 뒤로 용화는 더 이상 수영이를 보고 싶지 않았어요.

그러다 결심을 했죠. 수학 공부를 해서 반드시 수영이 코를 납작하게 만들어 주고 말겠다고요. 그날부터 용화는 수학 공부를 시작했어요. 엄마도 용화의 이런 결심을 적극 격려해 주었어요. 영어 때문에 비슷한 경험을 했던 형도 적극 지지해 주었어요.

하지만 그래도 힘든 건 힘든 거였어요. 당장이라도 때려치우고 싶었지요. 그런데 언제부턴가 문제가 풀릴 때마다 조금씩 묘한 쾌감이 들기 시작했죠. 수학 문제 푸는 게 재미있어진 거예요.

정말 '고생 끝에 낙이 온다'는 말이 맞는 것 같아요. 용화는 왠지 앞으로는 다른 어떤 것도 잘할 수 있을 것만 같았어요.

예 고생 끝에 낙이 온다고 했으니 조금만 더 힘을 내.
비 태산을 넘으면 평지를 본다

> **속담**
>
> ## 고양이한테 생선을 맡기다
> 믿지 못할 사람에게 일을 맡겨 놓은 것 같아 마음이 놓이지 않다.

 ### 고양이가 된 오원

옛날 중국 노나라에 '오원'이라는 사람이 있었대. 오원은 몸이 빠르고 날렵했어. 눈도 밝았지. 그래서 오원은 부자들의 창고를 지켜 주는 일을 했단다.

부자들의 창고에는 언제나 곡식이 가득했지. 풍년이 들어 집집마다 곡식이 가득하면 좋은데, 흉년이 들면 사람들은 저마다 딴마음을 먹게 되지. 당장 굶어 죽게 되었는데, 뭔 짓을 못 하겠어? 몰래 남의 창고에 들어가 곡식을 훔쳐 가기도 했지. 부자들은 이런 도둑들 때문에 골머리를 앓았지만, 오원이 지키는 창고는 끄떡없었어. 도둑은커녕 쥐 한 마리 얼씬 못 했지.

오원이 창고를 잘 지킨다는 소문은 임금님 귀에도 들어가게 되었어. 오원은 곧장 임금님의 창고지기가 되었어. 오원이 창고를 지키고 나서부터는 도둑은커녕 잃어버리는 물건조차 하나 없었어. 임금님은 오원을 매우 총애했단다. 오원의 벼슬자리는 점점 높아졌어. 상으로 땅도 하사(下賜)받았지.

임금님의 총애를 받자 오원은 점점 교만(驕慢)해지기 시작했어. 다른 사람들을 괴롭히기도 했지. 창고

하사
신분이 높은 윗사람이 아랫사람에게 물건을 줌.

교만
자신의 능력을 함부로 뽐내는 건방진 태도.

지기 오원이 걸핏하면 사람들과 싸운다는 이야기를 들은 임금님도 오원이 차츰 못마땅해졌단다. 결국 임금님의 사랑은 오원을 떠나게 되었지. 그러자 오원은 마음이 비뚤어졌어. 자신의 잘못은 돌아보지 못하고 모든 걸 다 세상 탓으로 돌렸어.

그러던 어느 날 오원은 임금님 수라상에 놓인 구운 생선을 보았어. 고소한 냄새가 나는 생선은 너무나도 먹음직스러웠어.

'내가 저 생선을 슬쩍한들 누가 알까?'

살며시 주위를 살피던 오원은 냉큼 생선을 훔쳤어. 구석에서 '아작아작' 맛있게 먹고 있는데, 지나가던 사냥꾼 노령이 그걸 보았지. 사냥꾼 노령은 오원과 크게 싸워 앙금이 있는 사람이었어. 오원은 노령이 자기 잘못을 임금에게 말할까 봐 두려웠어.

앙금
마음속에 남아 있는 좋지 않은 감정.

　감히 임금님의 밥상을 넘보다니, 이 일이 알려지면 목숨이 날아갈지도 몰라. 그래서 오원은 궁궐에서 달아났단다. 궁궐을 빠져나오긴 했는데, 막상 나와 보니 갈 데가 없는 거야. 오원을 받아 주는 사람도 당연히 없었지. 결국 오원은 이 집 저 집 돌아다니면서 구걸을 하거나 도둑질을 하면서 살다가 죽었다고 하는구나. 또 오원의 넋은 고양이가 되었다고 해. 이게 바로 「오원전」이라는 소설 속 이야기야.

　고양이에게 생선을 맡기면 어찌 되겠니? 오원처럼 언제 날름 생선을 먹어 버릴지 몰라.

　예) 걔는 빵을 무척 좋아해서 빵 심부름을 시키면 사 오는 길에 다 먹어 치울 것 같아. 차라리 고양이한테 생선을 맡기는 게 낫지.

> **속담**
>
> ## 구슬이 서 말이라도 꿰어야 보배
> 아무리 훌륭한 것이라도 다듬고 정리하여 쓸모 있게 만들어야 값어치가 있다.

 좋은 글이란

옛날 똑똑한 선비가 살았어요. 선비는 어렸을 때부터 신동이라고 소문이 자자했어요. 세 살 때 글자를 알아보았고, 다섯 살 때부터 책을 읽기 시작하더니, 열다섯 살이 되자 어지간한 어른들도 다 못 읽은 사서삼경(四書三經)을 여러 번 읽고 두루 꿰었어요.

집안 어른들은 기대가 대단했어요. 선비가 스무 살이 되기 전에 장원급제를 할 것이라고 모이기만 하면 입에 침이 마르게 칭찬했어요. 열여덟 살이 되었을 때 아버지가 선비를 불렀어요.

"이제 네 학문 실력이 누구와도 겨룰 만하니 과거 시험을 치르도록 해라."

아버지의 말에 선비는 군말 없이 봇짐을 챙겨 한양으로 떠났어요.

과거장은 전국에서 올라온 선비들로 가득했어요. 이윽고 시험관이 주제를 발표했고, 선비는 순식간에 흰 종이를 가득 채웠어요. 그리고 가장 먼저 시험지를 내고 밖으로 나왔지요. 속으로 1등인 장원급제는 자기 것이라고 장담했어요.

얼마 후 시험 결과가 나왔어요. 뜻밖에 선비의 이

> **사서삼경**
> 유교의 대표 경전으로 『대학』, 『논어』, 『맹자』, 『중용』, 『시경』, 『서경』, 『주역』 이상 책 일곱 권을 뜻한다.

름을 찾을 수 없었어요. 장원급제는커녕 합격자 명단에도 이름을 올리지 못한 거예요. 선비는 원인이 무엇인지 곰곰이 따져 보다가 시험관을 찾아갔어요. 시험관은 찾아올 줄 알았다는 듯, 선비의 시험지를 찾아 보여 주었어요.

"자네가 쓴 한 문장 한 문장은 화려하고 돋보이네. 하지만 하나의 글로써 짜임새가 없네. 글이란 모름지기 여러 문장이 모여 한 가지 생각을 효과적으로 전하는 것. 문장에 멋을 부리기 전에 자신이 글을 통해 정말로 하고 싶은 말이 무엇인지 생각을 가다듬고 다시 오게나."

시험관의 말을 듣고 선비는 얼굴이 붉어졌어요.

집으로 돌아오자 가족들의 실망이 이만저만 아니었어요. 선비는 고개를 들지 못하고 방으로 들어가 처박혀 있었어요.

어머니는 풀 죽은 아들을 보며 속이 상했어요. 어떻게 하면 기를 살려 줄 수 있을까 고민하다가 구슬 한 바구니를 들고 아들의 방으로 갔어요.

어머니는 아무 말도 하지 않았어요. 조용히 방 안에 앉아 명주실에 구슬을 하나씩 꿰었어요.

"애야, 이것 좀 보아라. 어떠냐?"

알록달록한 구슬을 한 줄에 꿰니 무척 아름다웠어요.

"아름답습니다."

선비의 말이 떨어지자마자 어머니는 가위로 줄을 끊었어요. 구슬이 방바닥에 떨어져 사방으로 데굴데굴 굴렀어요. 선비는 화들짝 놀라 어머니를 쳐다보았어요.

"구슬이 서 말이라도 꿰어야 보배란다. 이렇듯 낱낱이 되면 아무 소용이 없느니라."

어머니의 말을 듣는 순간 선비는 크게 깨달았어요. 빛나는 문장이 아무리 많아도 주제라는 튼튼한 실 한 가닥에 꿰어 내지 못한다면 자신의 뜻을 올바르게 전달할 수 없다는 것을요. 선비는 벌떡 일어나 어머니에게 큰절을 올렸답니다.

그날부터 선비는 새롭게 글공부를 시작했어요. 옛사람들의 멋진 문장을 흉내 내거나 장안에 유행하는 문장을 흉내 내는 버릇을 끊기 위해 피나는 노력을 했지요. 실력은 하루가 다르게 쑥쑥 늘었고, 이듬해 장원급제를 했어요. 모두 어머니의 가르침 덕분이었지요.

> (예) 구슬이 서 말이라도 꿰어야 보배인 것처럼 아무리 색연필이 많아도 그걸로 그리지 않으면 소용없어.

군침이 돌다

식욕이 돌다. 이익이나 재물에 욕심이 생기다.

 돌아온 입맛

소원이는 감기 때문에 엄청 고생을 했어요. 기침, 콧물에 목도 아팠고, 열도 펄펄 났어요. 당연히 입맛도 뚝 떨어져서 먹고 싶은 게 하나도 없었어요. 일주일 동안 앓고 나서야 겨우 몸이 괜찮아진 것 같아요. 배도 조금 고픈 것 같고, 뭔가 맛있는 걸 먹고 싶어졌어요.

"엄마, 나 뭐 먹고 싶어."

"정말? 이제 감기가 좀 나았나 보네. 먹고 싶은 게 다 있고."

"먹고 싶은 게 있으면 감기가 다 나은 거야?"

"그럼. 식욕이 돈다는 건 다시 기운을 차리기 위해서 연료가 필요하다는 신호거든. 그래, 뭐 먹고 싶어? 지금은 김치찌개밖에 없는데."

"김치찌개?"

참 이상했어요. 엄마가 김치찌개 이야기를 하는 순간, 소원이는 저절로 군침이 돌았어요. 사실 소원이는 김치찌개를 별로 좋아하지 않거든요.

소원이는 식탁 앞에 앉았어요. 김치찌개의 보글보글 끓는 소리와 코를 자극하는 매콤한 냄새에 입안에서는 어느새 군침이 돌기 시작했어요. 저절로 입맛이 돌았어요.

소원이는 한 그릇을 뚝딱 해치웠어요.

"벌써 다 먹었어?"

엄마는 깜짝 놀라 말했어요.

소원이는 엄마를 보고 씨익 웃었어요. 그러자 엄마는 소원이의 머리를 쓰다듬으며 말했어요.

"혹시 더 먹고 싶은 거 없어? 엄마는 먹고 싶은 걸 못 먹으면 꼭 병이 났거든."

"먹고 싶은 걸 못 먹으면 병이 생겨?"

엄마는 몸에 부족한 영양소가 있으면 그게 갑자기 먹고 싶어질 수 있는 거라고 했어요. 그런데 그걸 못 먹으면 그 부족한 부분 때문에 몸의 균형이 깨져서 몸이 아프게 되는 거고요.

그 말을 들은 소원이는 머릿속에 반짝 불이 들어오는 듯했어요. 몸이 보내는 신호를 놓쳐서는 안 되겠다 싶었지요.

"음. 오늘은 먹고 싶은 게 무척 많은데 다 말해도 돼?"

"물론이지."

"피자, 떡볶이, 불고기, 치킨……."

이야기하는 것만으로도 소원이는 자꾸 군침이 돌았습니다.

예 작은 생쥐는 창고에 쌓인 온갖 금은보화를 보고 군침이 돌았어요.

귀 기울이다

주의를 집중하여 성심껏 잘 듣다.

마음을 파고든 목소리

진주는 방학 숙제를 하러 박물관에 갔어요. 유물 하나를 선택해 한 시간 동안 관찰하는 것이 숙제였어요.

방학이 끝날 무렵이라 진주처럼 부랴부랴 숙제를 하러 온 아이들이 많았어요. 크고 멋진 유물 앞에서는 한 시간은커녕 10분도 서 있을 수 없었어요. 진주는 좀 일찍 올걸 하고 후회했어요.

진주는 아이들이 없는 유물 쪽으로 갔어요. 고려 시대 유물을 건성으로 둘러보던 진주의 발길이 우뚝 멈췄어요. 가까이 다가가 유물의 이름을 읽었어요.

'청동 봉황무늬 손잡이거울?'

크기가 손바닥만 하고 동그란 모양에 기다란 손잡이가 달린 거울이었어요. 진주는 거울 보는 것을 좋아해요. 청동 봉황무늬 손잡이거울을 보자 관심이 생겼어요.

진주는 수첩에 이름과 특징을 적고 거울을 들여다보았어요. 청동으로 된 거울 표면은 갈색과 청색이 뒤섞여 있었어요. 하긴 천 년이 넘은 거울에 때가 끼고 녹이 스는 것은 당연했어요. 원래 거울의 색깔이 청색인지 갈색인지

궁금했어요.

거울 무늬는 퍽 화려했어요. 두 마리 새가 서로 눈을 맞추고 뱅글뱅글 돌며 춤을 추고 있었어요. 날개와 꼬리가 풍성하고 멋들어졌어요. 언젠가 봉황은 상상 속의 새라고 책에서 읽은 기억이 났어요. 거울이 더욱 신비로워 보였어요.

"거울 좀 내려놔."

누군가 말했어요. 진주는 사방을 둘러보았어요. 목소리는 옆에서 들린 것도 같고 위에서 들린 것도 같았어요. 그러나 주위에는 아무도 없었어요. 진주는 잘못 들은 줄 알고 다시 거울로 눈을 돌렸어요.

"머리 땋을 때는 거울을 내려놓고 가만히 있으렴."

또 누군가의 목소리가 들렸어요. 진주는 귀를 쫑긋 세웠어요. 한참 기다렸지만 조용했어요.

'아하!'

머리를 양 갈래로 땋아 주던 할머니가 떠올랐어요. 방금 귓가를 맴돈 것은 작년에 세상을 떠난 할머니의 목소리였네요. 진주가 거울을 보느라 자꾸 얼굴을 움직이면 할머니는 그렇게 다독이곤 했지요. 진주는 눈을 감았어요. 그리고 마음의 소리에 귀 기울였어요.

할머니와 소녀의 모습이 나타났어요. 할머니는 붉은 비단 저고리에 파란 주름치마를 입었어요. 귀에는 금귀고리를 주렁주렁 달았어요. 소녀도 할머니처럼 비단옷을 입고 있었어요. 손에는 거울을 들고 있었어요. 때도 녹도 없는 검푸른 색 청동 봉황무늬 손잡이거울이었지요. 소녀와 할머니가 진주를 쳐다보고 환하게 웃었어요.

"야, 이 거울 예쁘다."

"엄청 잘 만들었다."

어느새 몰려든 아이들이 떠드는 소리에 진주는 눈을 떴어요. 눈가에 눈물이 그렁그렁 맺혔어요. 진주는 누가 볼까 봐 부랴부랴 밖으로 나왔어요. 집으로 돌아오는 내내 진주는 할머니가 무척이나 그리웠답니다.

예 그는 조용히 다른 사람의 말에 귀를 기울였다.
비 귀를 재다.

귓등으로 듣다

들은 체 만 체 귀를 기울이지 않다.

 ## 칼로 물 베기

"당신은 내 말이 말 같지 않아요? 왜 내 말을 귓등으로 들어요?"

밤늦게 들어온 아빠에게 엄마가 소리 질렀어요. 자려고 누워 있던 문호는 바깥을 향해 귀를 쫑긋 세웠어요. 엄마가 왜 그토록 화가 났을까 생각해 보았어요.

"요새 회사 일이 정신없어서 그래. 한 번만 봐줘."

"정읍에 다녀오자고 한 게 벌써 사흘이 지났잖아요."

정읍? 문호는 엄마가 화난 까닭을 알았어요. 정읍은 외할머니가 사는 곳이에요. 외동딸인 엄마가 서울로 시집온 후 외할머니 혼자 시골집에 살고 있어요.

잠시 시끄럽더니 바깥이 조용해졌어요. 엄마 아빠가 잠이 들었나 봐요. 문호도 스르륵 잠에 빠졌답니다.

이튿날부터 엄마는 아빠와 냉전을 시작했어요. 엄마는 아빠와 얼굴을 마주쳐도 본체만체했어요. 마침내 아빠도 폭발하고 말았어요.

"내가 유령이야? 왜 사람을 본체만체해?"

"먼저 내 말을 귓등으로 들은 사람이 누군데 그래요?"

"내가 노느라 그랬어? 회사일 때문에 어쩔 수 없었다고 했잖아."

"됐어요."

엄마는 아빠를 흘겨보고 안방으로 들어가 버렸어요. 문호는 살그머니 엄마를 따라 들어갔어요. 엄마가 화장대 앞에 앉아 고개를 숙이고 있었어요.

"엄마, 울어?"

문호의 말에 엄마가 고개를 들고 손등으로 얼굴을 닦았어요. 볼에 물기가 남아 있었어요.

"외할머니한테 무슨 일 있는 거야?"

엄마는 아무 말도 하지 않았어요. 문호가 전화기를 들었어요.

"내가 외갓집으로 전화해 본다?"

엄마가 전화기를 빼앗으며 말했어요.

"외할머니 집에 안 계셔."

"왜?"

"병원에 입원하셨어. 지난 토요일에 논일 나가시다 교통사고가 났거든."

문호는 깜짝 놀라 큰 소리로 말했어요.

"근데 왜 아빠랑 나한테 말 안 했어?"

"외할머니가 절대 말하지 말라고 신신당부하셨어. 며칠 입원하면 괜찮을 거라고. 연세 많은 노인들은 작은 사고도 위험한 법인데……."

엄마가 다시 고개를 숙이고 훌쩍거렸어요. 그때 아빠가 안방 문을 벌컥 열었어요.

"당신, 진짜 이러기야? 사위는 자식 아니냐고? 당장 정읍 내려갈 준비해."

"회사 바쁘다면서요?"

"지금 회사가 문제야? 문호도 학교 며칠 결석해야겠다."

문호네 가족은 자동차를 타고 외할머니가 계신 정읍으로 향했어요. 아빠는 옆자리에 앉은 엄마의 손을 꼭 잡았어요. 외할머니 때문에 싸우던 엄마 아빠는 결국 외할머니 덕분에 화해하게 되었답니다.

㉮ 마음이 복잡해 친구의 이야기를 귓등으로 들었다.
㉯ 귀를 팔다

> 관용구
>
> ## 그림의 떡
> 아무리 마음에 들어도 손에 넣을 수 없는 것.

 ## 루이 브라이의 점자책

1809년 프랑스에서 '루이 브라이'라는 아이가 태어났어요. 루이 브라이는 세 살 때 아빠의 작업실에 놓인 송곳을 가지고 놀다가 눈을 다쳤답니다. 루이 브라이는 결국 앞을 보지 못하게 되었지요.

루이 브라이는 매우 똑똑했어요. 귀가 밝아 발자국 소리만으로도 누구인지 알 수 있었어요. 기억력이 뛰어나 한 번이라도 들은 것은 잘 기억해 냈고요.

열 살이 되던 해, 루이 브라이는 학교에 갔답니다. 학교에서는 루이 브라이에게 살아가는 데 필요한 기술을 가르쳐 주었어요. 하지만 책을 보여 주진 않았어요. 볼 수도 없었겠지요. 그러나 루이 브라이는 책을 읽고 싶었답니다. 책을 통해 세상을 보고 싶었지요. 앞을 볼 수 없는 루이 브라이에게 책은 그림의 떡이었답니다.

그즈음, 한 군인이 어두운 밤에도 작전 문서를 읽을 수 있도록 '야간문자'를 만들었답니다. 열두 개의 점으로 된 야간문자는 루이 브라이가 다니고 있던 파리맹학교에도 전해졌습니다. 루이 브라이는 야간문자보다 사용하기 쉬운 글자를 만들기로 했답니다. 바로 자신의 눈을 앗아 갔던 송곳으로 말이죠. 여섯 개의 점으로 이루어진 점자는 이렇게 해서 만들어졌어요. 루이 브

라이에게 책은 더 이상 그림의 떡이 아니었어요.

하지만 점자로 된 책은 쉽게 세상에 나오지 못했답니다. 사람들은 돈이 많이 든다고 점자책 만들기를 꺼려 했어요. 그러나 루이 브라이는 쉽게 포기하는 사람이 아니었지요. 많은 사람들의 도움으로 결국 점자책이 세상에 나왔답니다. 헬렌 켈러는 "루이 브라이는 절망에서 벗어나 마음의 풍요로 가는 계단을 세상에 놓았다"고 했어요.

예 이 장난감은 너무 비싸서 나에게는 그림의 떡이야.

> ### 금강산도 식후경 속담
> 아무리 재미있는 일도 배가 불러야 흥이 남. 즉 배고플 땐 아무것도 할 수 없다는 말.

 잘 놀려면 잘 먹어야지

병식이는 너무 신이 나서 아침도 제대로 먹지 못했어요. 병식이가 마지막으로 놀이공원에 온 건 2년 전이에요. 너무나 가 보고 싶었지만 그동안 영 기회가 없다가, 드디어 오늘 오게 된 거예요. 늦게 출발하면 사람이 너무 많을 것 같아 일찍 나서기도 했지만, 기분이 붕 떠서 먹을 것이 눈에 들어오지 않았어요.

"이렇게 좋아하는 걸, 진작 시간 내서 올걸 그랬네."

오죽하면 엄마가 이렇게 말할 정도였지요.

놀이공원에는 아침부터 사람이 많았어요.

"어휴, 줄 서서 기다리다가 시간이 다 지나가겠는걸."

기다리는 거라면 딱 질색인 아빠는 벌써부터 걱정이었어요.

하지만 병식이는 사람들이 많은 걸 보니 마음이 더 들떴어요. 왠지 더 신이 난달까요.

"아빠, 여기예요. 어서요."

병식이는 롤러코스터를 기다리는 줄에 먼저 뛰어가서 아빠를 불렀어요. 엄마는 무서워서 도저히 못 타겠대서 아빠랑 병식이 둘만 타기로 했지요.

줄 설 때는 잘 몰랐는데, 줄이 엄청 길었나 봐요. 거의 한 시간이 되어서야 겨우 차례가 왔지요. 롤러코스터는 정말 짜릿했지만 기다린 시간에 비해 짜릿함은 너무 짧았어요.

롤러코스터에서 내리고 나니 갑자기 기운이 쏙 빠져 버렸지요. 아빠도 잠깐 만에 부쩍 나이가 든 것 같았어요. 병식이와 아빠를 기다리던 엄마가 두 사람을 보고 웃으며 말했어요.

"아무래도 안 되겠네. 금강산도 식후경이라고, 일단 뭐 좀 먹고 기운을 차린 뒤 다시 타는 게 어떨까?"

"그거 좋지. 병식아, 맛있는 거 먹고 다시 타자."

아빠도 반색하며 답했어요. 병식이도 물론 찬성이었지요.

아직 점심시간 전이라 식당은 한적한 편이었어요. 덕분에 병식이네 식구는 여유롭게 식사를 마칠 수 있었지요.

"아, 배부르다. 역시 사람은 먹어야 해. 이래서 금강산도 식후경이라니까!"

"맞아, 역시 금강산도 식후경이지."

"자, 이제 배도 부르고 기운도 차렸으니 놀이공원을 제대로 즐겨야죠."

병식이는 엄마 아빠 손을 이끌고 신나게 달려 나갔습니다.

반색하다
매우 반가워하다.

예 금강산도 식후경이라는데 간식이라도 먹고 돌아다니면 안 될까?

> ### 길고 짧은 것은 재어 보아야 안다
> 직접 겨루어 보기 전에는 확실히 알 수 없다.
>
> 속담

 치마 길이 대소동

"연희야, 소원 하나 들어줄게. 말해 봐."

언니가 말했어요.

어제저녁, 언니는 읍내 극장에 들어온 영화를 보려고 몰래 나갔다 왔어요. 부모님은 저녁밥 먹은 후 두 딸이 외출하는 것을 싫어했어요. 연희 덕분에 언니는 무사히 외출했다 돌아올 수 있었어요.

연희는 곰곰이 생각하는 척했어요. 사실 연희는 무엇을 말할지 벌써 정했거든요. 지난번에 언니가 선물 받은 모본단 남색 치마를 꼭 갖고 싶었어요. 하지만 언니가 선물 받은 치마를 선뜻 내줄지 알 수 없어 말을 꺼내기 조심스러웠어요.

"언니, 나 모본단 남색 치마 주면 안 돼?"

"좋아. 그 대신 다음번에도 도와줘야 해."

"그럴게. 고마워, 언니."

언니는 옷장에서 치마를 꺼내 연희에게 건넸어요. 연희는 얼른 치마를 갈아입고 보란 듯이 한 바퀴 빙 돌았어요.

"예쁘다. 네가 더 잘 어울리는 것 같아."

연희는 함박웃음을 지었어요. 방으로 돌아와 곱게 갠 치마를 머리맡에 두고 잠들었어요.

다음 날 아침, 아버지 표정이 여느 날과 달랐어요.

"연희, 너 치마가 왜 그리 짧아?"

아버지 말에 연희의 눈이 동그래졌어요.

"아니에요. 언니가 준 거라고요."

"애비 눈을 속일 셈이냐? 당장 치마 갈아입어라."

연희는 억울했지만 아버지 고집을 꺾을 수 없었어요. 방으로 들어가 옷을 갈아입는데, 슬그머니 화가 났어요. 연희는 남색 치마와 언니의 다른 치마를 가지고 나왔어요. 그리고 온 가족이 보는 앞에서 줄자로 치마 길이를 쟀어요. 두 치마의 길이는 똑같았어요.

"보세요. 안 줄인 거 맞죠? 이래서 길고 짧은 것은 재 봐야 안다니까."

머쓱한 얼굴로 고개를 갸웃거리는 아버지에게 언니가 웃으며 말했어요.

"그동안 연희 키가 자라서 그래요. 저보다 한 뼘이나 더 큰걸요."

아버지는 얼굴이 벌게져서 애꿎은 어머니에게 소리쳤어요.

"당신은 딸내미 키 크는 것도 몰랐어? 당장 장에 가서 새로 치마 하나 사 줘."

연희는 돌아서서 빙그레 웃었어요. 섭섭하던 마음이 순식간에 사라졌어요. 어쨌든 아침에 소동을 치른 덕에 새 치마 하나가 생겼으니까요.

> 예) 키가 작으면 농구를 못할 거라고 생각하지 마. 길고 짧은 건 재 봐야 아는 거니까!

까마귀 날자 배 떨어진다   속담

우연히 동시에 일이 생겨서 둘 사이에 무슨 관계가 있는 것처럼 의심하게 된 상황.

 ## 어디서부터 잘못됐을까

나뭇가지마다 탐스런 배가 노랗게 익어 가는 가을이었습니다. 아침저녁으로 불어 대는 차가운 바람에 옴짝달싹 못하던 뱀 한 마리가 땅속 굴에서 슬그머니 기어 나왔습니다. 뱀은 배나무 밑에 평평하게 놓여 있는 바위 위로 올라갔습니다. 간만에 따스하게 내리쬐는 햇볕에 몸을 데우고 싶었죠. 햇살이 온몸으로 퍼지자 뱀은 기분이 무척 좋았어요.

그때 어디에선가 까악까악하는 소리가 들렸습니다. 온몸이 시커먼 까마귀 한 마리가 배나무로 날아오는 게 보였습니다. 해바라기를 하고 있던 뱀은 다른 곳으로 자리를 옮길까 잠시 생각해 보았지만, 그냥 그곳에서 조용히 있기로 했답니다.

까마귀는 배나무에 앉았답니다. 까마귀가 나뭇가지 위에서 깃털을 고르는지 솜털 같은 깃털이 땅으로 떨어졌어요.

'참자. 곧 다른 곳으로 날아가겠지.'

뱀은 까마귀가 무척 신경에 거슬렸지만 그냥 조용히 눈을 감고 햇볕만을 즐기려고 했답니다.

그때였습니다. 까악 소리가 들리더니 까마귀가 공중으로 날아갔습니다.

"이제야 날아갔군" 하고 뱀이 중얼거리는데, 난데없이 하늘에서 배가 쿵, 떨어지는 게 아니겠어요. 뱀은 정말 재수 없게도 나뭇가지에서 떨어진 배에 머리를 맞아 죽고 말았답니다. 미워도, 미워도 까마귀만큼 미운 게 없었어요.

죽은 뱀은 멧돼지가 되어 다시 태어났고, 까마귀는 죽어서 꿩이 되었답니다. 어느 날 멧돼지가 비탈길을 두두두두 뛰어가고 있었습니다. 멧돼지는 아무것도 모르고 그냥 신나게 뛰어가고 있었어요. 그 비탈길 아래 꿩이 꾸벅꾸벅 졸고 있었지요. 그런데 우연히도 멧돼지의 뜀박질에 비탈길에 있던 돌이 튕겨서 꿩에게로 날아갔어요. 꿩은 그만 돌에 맞아 죽고 말았어요. 꿩의 마음은 어땠을까요?

꿩은 곧 사냥꾼으로 다시 태어났답니다. 화살을 들고 멧돼지를 뒤쫓았어요. 그 모습을 어느 스님이 보았지요.

"이보시오, 사냥꾼! 그 멧돼지는 죽이지 마시오!"

"아니, 스님. 사냥꾼에게 사냥을 하지 말라니요?"

스님은 인연의 업보(業報)를 볼 수 있는 사람이었답니다.

"죽고 죽이는 악연을 이제는 끊어야 하지 않겠소?"

스님은 사냥꾼에게 까마귀 날자 배 떨어진 이야기를 해 주었답니다. 까마귀가 꿩이 되었고, 아무것도 모르던 꿩은 다시 사냥꾼으로 태어나 또다시 악연을 쌓고 있다는 이야기였죠.

"순전히 오해로 빚어진 일이었소. 서로 용서하지 못하고 또다시 원수가 되어 만난다면, 다음 생에는 어떤 비극(悲劇)을 겪을지 누가 알겠소?"

그 말을 들은 사냥꾼은 화살을 버리고, 스님을 따

업보
이생의 원인이 되는 전생의 일. 불교에서는 죽은 생명이 몸을 바꿔 다시 태어나며 전에 어떤 삶을 살았느냐에 따라 다음 생이 결정된다고 믿는다.

비극
슬프고 끔찍한 사건. 원래는 슬픈 이야기를 통해 고통의 의미를 탐구하는 연극을 뜻한다.

라니셨답니다. 그로 인해 까마귀와 뱀의 악연은 끊어졌다고 합니다.

　이 이야기는 불교 경전 중 하나인 『천수경』에 나오는 이야기랍니다. 살다 보면 실제로는 아무 관계도 없는 두 사건이 동시에 벌어져 당황스러울 때가 있습니다. 우리는 그 우연을 제멋대로 해석해 오해를 하기도 하지요. 실제로는 자신의 죽음과 아무 관련이 없는 까마귀를 원망했던 뱀처럼 말이에요.

> 예) 우리 사귀는 거 아니야. 까마귀 날자 배 떨어지는 것처럼 우연히 똑같은 옷을 입은 거라니까!

> 속담
꿩 먹고 알 먹고
한 가지 일을 하여 두 가지 이상의 이익을 얻는 상황.

 ## 뜻밖의 행운

강원도는 평야보다 산이 많아요. 그래서 밭을 만들기 위해 산에 불을 지르기도 했어요. 풀과 나무가 다 타고 남은 땅에 곡식을 심어 먹고사는 것이지요. 그렇게 만든 밭을 화전(火田)이라고 한답니다.

충청도에서 농사를 짓고 살던 오 서방은 하루아침에 집이 망해 강원도 산골로 들어가게 되었지요. 늙은 부모님과 젊은 아내, 어린 자식들을 생각하면 눈앞이 막막했어요. 그때 이웃들이 오 서방에게 화전을 일구어 보라고 했어요.

오 서방은 화전을 일구기 알맞은 숲을 찾았어요. 바위가 적고 수풀이 우거진 산 중턱 평평한 곳이었어요. 불을 놓으니 매캐한 연기가 숲을 뒤덮었어요.

풀과 나무가 다 타고 불기운이 잦아들자 오 서방의 마음은 벌써 들떴어요.

'가을부터 옥수수와 감자는 실컷 먹을 수 있겠구나.'

마음이 급해진 오 서방은 당장 쇠스랑을 들고 돌과 타다 남은 나무토막을 골라냈어요. 부지런히 일하고 있을 때, 어디선가 구수한 고기 냄새가 났어요. 주위를 두리번거리던 오 서방의 눈에 웬 시커먼 덩어리가 보였어요.

'저게 뭐지?'

오 서방은 그쪽으로 다가갔어요. 김이 모락모락 오르는 덩어리를 펼치고 보니 불기운에 잘 익은 꿩 한 마리와 여러 개의 알이었어요. 뜻밖의 횡재(橫財)였어요. 쇠스랑을 팽개치고 꿩과 알을 가지고 집으로 돌아왔어요.

"아버님, 땅에 불을 놓아 밭도 얻고 덤으로 저녁 한 끼도 얻었습니다."

가족들이 모여 꿩과 알을 신기한 눈으로 보았어요. 오랜만에 고기 구경을 하자 모두 입맛을 다셨어요. 막내아들이 군침을 꿀꺽 삼켰어요.

"아버지, 꿩 먹고 알 먹게 생겼네요."

오 서방의 아버지가 어린 손자의 머리를 쓰다듬었어요. 그리고 불에 탄 꿩을 보며 말했어요.

"꿩은 자식 사랑이 지극한 새라네. 아무리 위급한 일이 닥쳐도 자식을 두고 혼자 달아나지 않아. 그래서 이렇듯 불에 타 죽은 것이지."

그 말에 가족들은 숙연(肅然)해졌어요.

횡재
뜻밖에 얻은 재물.

숙연하다
고요하고 엄숙하다.

오 서방은 여름 내내 농사를 열심히 지었어요. 가을이 되자 옥수수와 감자를 풍성하게 거둘 수 있었어요. 오 서방은 첫 번째 거둔 옥수수와 감자를 수풀 속으로 던졌어요. 막내아들이 이유를 물었어요.

"꿩에게 주는 선물이란다."

막내아들도 옥수수 하나를 수풀로 던지더니 씩 웃으며 말했어요.

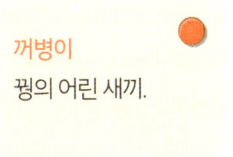
꺼병이
꿩의 어린 새끼.

"꺼병이에게 주는 선물이에요."

산골짜기 가득히 오 서방과 아이들의 웃음소리가 울려 퍼졌어요.

㉮ 가족끼리 속 깊은 대화도 하고 멋진 경치도 보고, 가족 여행은 꿩 먹고 알 먹기야.
㉯ 굿 보고 떡 먹기

> 속담
>
> # 낫 놓고 기역자도 모른다
> 어리석다. 무식하다.

 ## 기역 주세요

아주 머리 나쁜 아들을 둔 농부가 살았어요.

농부는 부지런히 일해서 자기 땅도 있었고, 돈도 먹고살 만큼 모았어요. 단 한 가지 고민은 아들이 너무 머리가 나쁘다는 것이었어요. 나빠도 보통 나쁜 것이 아니라 100번을 가르쳐도 돌아서면 곧 잊어버렸어요.

"얘, 순돌아. 너도 열다섯이면 가갸거겨는 알아야 하지 않겠느냐?"

한문은 몰라도 한글은 깨우쳐야 하지 않겠냐는 말이었어요.

"그럼 아버지가 가르쳐 주세요."

그날 저녁부터 농부는 아들을 앉혀 놓고 '가갸거겨'를 가르쳤어요. 종이에 쓰고 여러 번 읽어 줘도 아들은 눈 한 번 깜빡하고 나면 잊어버렸어요. 아버지는 한숨을 푹푹 내쉬었지요.

이튿날 농부는 아들을 데리고 **꼴**을 베러 갔어요. 뒷산에 올라가 풀을 다 베고 아버지는 낫을 바닥에 내려놓았어요.

"순돌아. 이게 뭘로 보이냐?"

순돌이는 황소처럼 눈을 껌벅거렸어요.

이튿날
어떤 일이 벌어진 그 다음 날.

꼴
집에서 기르는 가축에게 주는 풀.

"낫이요."

"아니, 무슨 글자로 보이냐고?"

농부가 윽박지르자 아들은 꿀 먹은 벙어리처럼 입을 꾹 다물었어요.

"에고, 속 터져. 기역 아니야, 기역. 어제 수십 번을 가르쳤는데 그새 잊었어?"

농부는 화를 내며 낫을 집어 던졌어요. 하필 낫이 바위에 부딪혀 부러져 버렸어요.

두 사람은 꿀을 지게에 짊어지고 집으로 돌아왔어요. 내일 꿀을 베려면 낫이 필요했어요. 농부는 아들에게 말했어요.

"너 장에 가서 낫 하나 사 오너라."

아들은 돈을 받아 들고 장터로 갔어요. 가다 보니 아버지가 무엇을 사 오라고 했는지 잊어버렸어요. 한참 만에 머릿속에 떠오른 것이 '기역' 두 글자였어요. 아들은 농기구를 파는 가게로 들어갔어요. 그리고 대뜸 큰 소리로 말했어요.

"기역 주세요."

가게 주인은 웬 엉뚱한 소리를 하는 소년을 빤히 쳐다보다 되물었어요.

"뭘 달라고?"

"기역이요."

마침 가게 주인은 몹시 화가 나 있었어요. 아침부터 아내와 한바탕 싸웠거든요. 기분도 착잡한데 어린것이 장난치는가 싶어 소년의 머리에 꿀밤을 한 대 꽉 쥐어박았어요.

③ 굳어진 문장: 관용구·속담

"요 녀석이 어른을 놀리느냐? 세상에 기역이 어딨어?"

엉엉 울며 빈손으로 돌아온 아들을 보고 농부가 물었어요.

"왜 빈손이냐?"

"기역을 달랬다가 머리통만 맞았어요."

훌쩍거리는 아들을 보며 농부는 한숨을 푹 쉬었어요.

"낫 놓고 기역자도 모르기는 너나 가게 주인이나 똑같구나."

예 글을 읽을 줄만 알고 이해를 못하면 낫 놓고 기역자 모르는 거나 다름없다.

> **속담**
>
> ## 낮말은 새가 듣고 밤말은 쥐가 듣는다
>
> 아무도 안 듣는 데서라도 말조심을 해야 한다. 비밀은 새 나가기 쉬우니 입조심해야 한다.

 쉿, 삼신할머니가 듣겠어요

아주 먼 옛날, 짐승도 사람처럼 말하던 시절이었어요.

어느 마을에 큰 부자가 살았어요. 부인은 사랑스럽고 아들딸은 효자 효녀였어요. 수만 석 곡식을 거둘 수 있는 논밭이 있고, 비단과 금은보화가 그득한 광이 있었어요. 인간으로서 조금도 부족한 것 없이 완벽했어요. 부자의 마음속에 건방진 생각이 꿈틀거렸어요.

'세상에서 내가 제일 잘났어. 신령들도 나보다 행복하진 않아.'

그때 하인이 아내의 임신 소식을 전했어요. 부자는 당장 아내의 방으로 건너갔어요.

"부인, 축하하오."

"고마워요. 모두 삼신할머니 덕분이에요."

아내의 말에 부자가 얼굴을 찌푸렸어요.

"삼신할머니가 무슨 도움을 줬다고 그러시오?"

"함부로 말하지 마세요. 누가 듣겠어요."

아내가 말려도 부자는 막말을 서슴지 않았어요.

"누가 듣는다고? 걱정 마시오."

그 말을 처마에 앉아 있던 참새가 듣고 삼신할머니에게 고스란히 고해바쳤어요. 삼신할머니는 그럴 리 없다고 믿지 않았어요.

그날 밤 부자는 아내에게 말했어요.

"당신이 아기를 임신한 것은 삼신할머니 덕분이 아니라 우리가 복을 타고났기 때문이오."

아내는 남편의 말이 두려웠어요.

"제발 입조심하세요. 삼신할머니가 노하시면 어쩌려고 그러세요?"

"별걱정을 다 하는군. 한밤중에 듣긴 누가 듣는다고 그러시오."

부자는 아내를 안심시킨 후 허허 웃었어요.

그 말을 천장에서 돌아다니던 쥐가 엿들었어요. 쥐는 삼신할머니에게 쪼르르 달려가 자기가 들은 말을 일러바쳤어요.

새와 쥐에게 똑같은 말을 들은 삼신할머니는 화가 났어요.

열 달 만에 부자의 아내가 낳은 것은 아기가 아니라 알이었어요. 아기를 받은 이웃집 아주머니는 놀라서 뒤로 자빠졌어요. 아내는 슬피 울며 부자를 탓했어요.

"모두 당신 잘못이에요. 삼신할머니가 노하셔서 아기 대신 알을 내려 주신 거라고요."

부자는 자신의 잘못을 깨달았어요. 소와 돼지를 100마리씩 잡고 떡을 100시루 쪄서 삼신할머니에게 바쳤어요. 그리고 열 손가락에 불을 붙인 후 용서를 빌었어요. 연기 같은 구름이 자욱하게 퍼지더니 삼신할머니가 나타났어요.

"정성을 기특하게 여겨 용서하겠다. 낮말은 새가 듣고 밤말은 쥐가 듣는 법이니라. 앞으로는 잘난 체 말고 겸손하게 살도록 해라."

부자는 깊이 고개 숙여 절을 올렸어요. 삼신할머니가 사라지고 나서, 알에서 잘생긴 사내아이가 나왔어요. 부자와 아내는 얼싸안고 기뻐했지요.

그 후 부자는 삼신할머니를 더욱 극진히 떠받들고, 가난한 사람들에게 더 많이 베풀었어요. 그뿐인가요? 아들은 건강하게 잘 자라 큰 인물이 되었답니다.

예) 쉿, 누가 듣고 있을지 몰라. 낮말은 새가 듣고 밤말은 쥐가 듣는다잖아.

> **속담**
>
> # 내 코가 석 자
>
> 내 사정이 급하고 어려워 다른 사람을 돌볼 여유가 없다.

 방이 형제 이야기

'내 코가 석 자'라는 말, 들어 봤을 거야. 자기 일이 아주 어려운 처지라서 남의 사정을 돌볼 여유가 없다는 뜻이지. 생각해 봐. 코가 석 자라면 무려 90센티미터라는 말인데, 정말 큰일이잖아. 이 말은 '방이 형제' 이야기에서 나왔다고 해. 방이 형제 이야기는 '흥부와 놀부'와도 비슷하고, '도깨비 방망이'와도 좀 비슷해.

신라 시대에 방이 형제가 살았대. 형 방이는 무척 가난해서 구걸하며 살았고, 동생은 부자였지.

어느 해인가 방이가 동생에게 곡식 종자(種子)를 구걸하러 갔는데, 심술 사납고 포악한 동생은 곡식 씨앗을 삶아서 줬어. 형은 이것도 모르고 열심히 가꾸었지.

방이의 정성 덕인지 삶은 씨앗에서 이삭이 하나 나왔어. 방이는 그 이삭을 정성껏 보살폈어. 이삭은 쑥쑥 자라더니 한 자가 넘게 컸지.

어느 날 새 한 마리가 날아오더니 이삭을 물고 달아나는 거야. 방이는 그 새를 쫓기 시작했어. 그러다 산

종자
식물의 씨앗.
동물의 혈통.

속에서 그만 그 새를 놓쳤어. 날은 벌써 어둑어둑해졌고, 집으로 가는 길도 찾을 수가 없었어.

그때였지. 난데없이 어디선가 붉은 옷을 입고 손에는 방망이를 하나씩 든 아이들이 나타나서 놀기 시작했어. 아이들은 방망이를 두들겨 음식을 내어 먹고 놀다가 새벽녘이 되자 돌아갔는데 한 아이가 바위틈에 꽂아 둔 방망이를 잊고 그냥 간 거야.

방이는 그 방망이를 가지고 집으로 돌아왔어. 그것은 과연 요술 방망이였어. 금 하면 금, 꿀 하면 꿀, 집 하면 집…… 원하는 것은 무엇이든 만들어 주었지. 방이는 큰 부자가 되었어.

어느 날, 형이 부자가 되었다는 소문을 들은 동생이 심술이 나서 찾아왔어. 방이는 새를 쫓아갔다가 산에서 본 붉은 옷을 입은 아이들이며, 그 아이들이 갖고 있던 방망이며, 알고 있는 모든 이야기를 다 해 줬지.

동생은 방이가 이야기한 곳을 찾아가 숨어서 지켜보았어. 밤이 되자 붉은 옷을 입은 아이들이 나타났어. 하지만 동생은 곧 아이들에게 발각되고 말았지.

"우리 방망이를 훔쳐 간 도둑놈이 저기 있다!"

붉은 옷을 입은 아이들은

방망이를 도둑질당한 후, 범인이 반드시 돌아올 거라며 그날부터 주위를 샅샅이 살피고 있었던 거야. 붉은 옷의 아이들은 동생을 흠씬 두들겨 패고는 코를 코끼리 코처럼 길게 만들어 놓고 돌아갔어.

집으로 돌아온 동생은 늘어난 코가 부끄러워 애를 태우다 죽고 말았대.

코가 코끼리 코가 되었다니 석 자는 늘어난 게 틀림없어. 생각해 봐. 이 상황이 얼마나 심각했겠니? 여기서 바로 '내 코가 석 자'라는 말이 나왔대. 지금 당장 눈앞에 놓인 자기 문제가 너무 어마어마해서 주변 상황도 주위 사람도 돌볼 여유가 없는 상황에서 쓰는 말이지.

예 내 코가 석 자라서 지금 네 시험 준비까지 도와줄 수가 없어.

너 나 할 것 없이

누구를 가릴 것 없이 모두.

 ### 시간표 바꿔 주세요

5교시 국어 시간이에요.

유경이는 졸음이 밀려오기 시작했어요. 화요일 5교시 국어 시간은 늘 이래요. 4교시 체육을 하고 나서 급식을 먹고 나면 졸음을 참기가 힘들어요. 다른 날은 5교시라도 이렇게까지 졸리지 않는데요.

유경이는 억지로라도 눈을 뜨려고 노력했어요. 국어는 유경이가 가장 좋아하는 과목이거든요. 하지만 아무리 눈을 뜨려 노력해 봐도 소용이 없었어요. 선생님 목소리가 마치 자장가처럼 들렸어요.

"자, 그럼 유경이가 읽어 볼까?"

유경이는 선생님 말에 깜짝 놀라 자리에서 벌떡 일어났어요. 덕분에 잠은 확 달아났지요. 책을 읽고 자리에 앉으며 주위를 돌아보니, 아이들이 너 나 할 것 없이 다들 꾸벅꾸벅 조느라 정신이 하나도 없었어요. 그 모습이 어찌나 우스운지 유경이는 터져 나오는 웃음을 억지로 참아야 했어요.

"띠리리리 리리리리리."

쉬는 시간을 알리는 종소리가 났어요. 종소리와 함께 아이들은 너 나 할 것 없이 모두 다 잠에서 깨어났어요. 유경이는 그 모습에 다시 한 번 웃음이

터졌어요. 이번엔 아까 참았던 웃음까지 한꺼번에 다 토해 냈어요.

"야, 너 왜 그래? 뭐 재밌는 일 있어?"

아이들이 궁금해 하며 유경이한테 물었죠.

"국어 시간엔 너 나 할 것 없이 졸더니, 쉬는 시간 종이 울리니까 이번엔 너 나 할 것 없이 다들 한꺼번에 깨더라?"

"정말? 난 또 나만 조는 줄 알고 있었는데 아닌가 보네."

"나도. 그럼 너만 빼고 다 졸았던 거야?"

"무슨 소리야? 나도 졸았지. 그런데 갑자기 책 읽으라고 선생님이 부르시는 거야. 깜짝 놀라서 깼지."

다들 조느라고 5교시 수업 시간마다 어떤 상황인지 잘 모르고 있었던 것 같아요. 하긴 유경이도 오늘 이름이 불리는 바람에 잠에서 깨지 않았다면 다른 아이들과 마찬가지로 전혀 몰랐을 거예요.

"이건 우리 잘못이 아니야. 시간표 잘못이라고."

"체육 다음에 점심이라니! 5교시가 되면 당연히 졸리지."

"맞아. 다른 날은 5교시라도 이렇게까지는 안 졸리잖아."

"그럼 우리, 시간표 바꿔 달라고 하면 어때? 아마 우리가 이런 걸 건의하면 선생님이 깜짝 놀라실걸."

"맞아. 아마 우리를 대단하다고 생각하실 것 같아."

아이들은 시간표를 바꾸자는 의견에 너 나 할 것 없이 찬성했어요.

예 졸업식 노래가 울리자 아이들은 너 나 할 것 없이 울기 시작했다.

> **속담**
>
> ## 누워서 침 뱉기
> 부끄러운 행동으로 자기 스스로 해를 입히는 상황.

 ### 행운이 좋아하는 것

작은 마을에 성격이 정반대인 두 사람이 살았어요. 한 남자는 웃기를 잘하고, 한 남자는 걸핏하면 인상을 찌푸렸어요. 사람들은 당연히 잘 웃는 사람을 좋아했지요. 인상 쓰는 사람이 생각해 보니 잘 웃는 사람은 조금만 노력해도 무언가를 쉽게 얻는 것 같았어요. 자신은 정말 열심히 노력하는데도 아주 작은 것만 얻고요. 웃는 사람은 운이 좋은 사람이고, 자신은 운이 나쁜 사람인 게 분명해 보였어요.

"운이 좋으니까 저렇게 매일 웃기만 하지."

인상 쓰는 사람은 웃는 사람을 보기만 해도 기분이 나빴어요. 그래서 마을을 돌아다니면서 웃는 사람을 헐뜯기 시작했답니다.

"저자는 사실 웃는 게 아니라 당신을 비웃는 거예요."

"왜 나를 비웃는단 말인가?"

"당신의 운이 보잘것없다고 생각하기 때문이죠. 저자가 저렇게 웃고 다닐 수 있는 것은 순전히 운이 좋아서예요. 왜 운이 좋다고 생각하세요? 그건 당신의 운을 뺏어 가기 때문이랍니다."

헐뜯다
남을 흉보다.

그 말을 들은 마을 사람들은 처음에는 정말 그럴까? 하는 생각도 잠시 했답니다. 사람들이 솔깃해 하자 인상 쓰는 사람은 웃는 사람을 더욱 헐뜯기 시작했어요. 하지만 웃는 사람은 그러거나 말거나 신경 쓰지 않았어요. 보다 못한 마을 사람 중 한 사람이 웃는 사람에게 말했어요.

"요즘 인상 쓰는 사람이 자네를 욕하고 다니는 걸 아는가?"

웃는 사람은 그저 허허, 하고 웃을 뿐이었죠.

그러자 마을 사람들은 인상 쓰는 사람을 나무랐어요. 만날 때마다 누구 험담을 듣는 게 썩 유쾌한 일은 아니거든요.

> **억지소리**
> 앞뒤가 맞지 않거나 근거가 마땅치 않은 고집스런 주장.

"왜 그렇게 억지소리를 하는가? 남을 헐뜯는 것은 누워서 침 뱉는 거랑 똑같다네. 누워서 침을 뱉으면 그 침이 어디로 떨어지겠는가? 바로 자네 얼굴일세."

그러자 인상 쓰는 사람은 더욱 인상을 찌푸렸죠.

"모르는 소리 마세요. 웃는 사람은 저 웃음으로 세상을 비웃고 있어요. 나는 불만을 밖으로 표현할 뿐이죠."

마을 사람들은 고개를 흔들었답니다.

"이제 더 이상 그런 말 따위는 듣고 싶지 않네. 그만하게나!"

인상 쓰는 사람은 화가 나서 발을 동동 굴렀어요.

"다들 진지하게 좀 생각해 보라고요. 왜 웃는 사람에게만 행운이 따라다니는 거죠? 내 행운을 뺏어 간 게 틀림없어요."

그러자 나이 지긋한 노인이 말했답니다.

"행운은 웃음을 좋아하기 때문이지. 행운이 따라다녀서 웃는 게 아니라 웃어서 행운이 다가오는 거라네."

인상 쓰는 사람은 아무런 대꾸도 하지 못했어요.

> 예 친구를 욕하는 건 누워서 침 뱉는 것과 같아.

눈 깜짝할 사이
매우 짧은 순간.

 ## 악마가 일을 해치우는 속도

어느 농부가 잡초가 수북한 자갈밭을 바라보며 한숨을 쉬었어요. 농부는 며칠 동안 너무 열심히 일을 해서 피곤했답니다. 한 번 늘어지게 낮잠이라도 자면 좋겠다고 생각했어요.

"아, 이 넓고도 넓은 밭을 언제 다 간단 말인가? 누가 나 대신 해 줄 수는 없나?"

이 중얼거림을 땅속에 있는 악마가 들었답니다. 악마는 불쑥 농부 앞에 나타났지요.

"여보시오, 농부님. 제가 당신이 시키는 일은 다 해 드리겠습니다. 대신 조건이 있습니다. 더 이상 당신이 내게 시키는 일이 없게 된다면, 그땐 제가 당신의 영혼을 가져가겠습니다."

농부는 좋다고 했지요. 농사일이야 늘 산더미처럼 밀려 있기 마련이니, 그 일을 하려면 끝이 없을 테니까요.

"무얼 할까요?"

농부는 당장 밭에 있는 잡초를 뽑고 자갈을 골라내라고 했지요. 그사이 자신은 집에 가서 낮잠을 잘 생각이었어요. 하지만 집으로 발걸음을 떼기도 전에 악마가 농부 앞에 나타나 물었어요.

"또 무얼 할까요?"

농부가 자신의 자갈밭을 돌아보니 잡초와 자갈은 하나도 없었어요. 그야말로 눈 깜짝할 사이에 악마가 잡초를 다 뽑고, 자갈은 다 골라낸 거죠.

"그럼, 이제 씨를 뿌리고 물을 주시오."

농부의 말이 떨어지자마자 악마는 곧장 밭으로 달려가 씨를 뿌리고 물을 주었지요. 이번에도 눈 깜짝할 사이에 일을 다 해치운 거예요.

농부는 덜컥 겁이 났답니다. 이러다가 꼼짝없이 죽게 될 것만 같았어요. 농부는 퍼뜩 집에 있는 자신의 지혜로운 아내가 생각났답니다.

"자, 이번에는 뭘 하지요?"

"내 아내를 데려다주시오."

악마는 이번에도 눈 깜짝할 사이에 농부의 아내를 데리고 왔답니다. 농부는 아내에게 말했어요.

"여보, 이제 나는 뭔 일을 해야 하오?"

지혜로운 아내는 어떻게 된 일인지 알아챘답니다.

"개미에게 집을 지어 주기로 했잖아요. 한 마리당 한 집씩. 단 한 마리도 빠뜨리지 말고, 죽이지도 말고요."

그러자 농부는 고개를 끄덕였답니다.

"그렇지, 그 일을 까먹고 있었네. 내가 개미집을 지어 주기로 했지! 이보시오. 먼저 세상에 있는 개미를 다 세시오. 단 한 마리도 빠뜨리지 말고, 죽이지도 말고. 그 개미를 다 세고 나면, 한 마리당 한 채씩 개미에게 기와집을 지어 주시오."

그러자 악마의 얼굴이 붉으락푸르락해졌답니다. 개미가 어디에 있는지,

몇 마리인지 어떻게 알겠어요? 또 설사 그걸 안다 해도 다 세기 전에 새로운 개미가 태어나고, 죽어 버릴 테니까요.

　악마는 눈 깜짝할 사이에 사라져 버렸답니다. 그러고는 두 번 다시 농부 앞에 나타나지 않았지요. 농부는 그때부터 일하기 싫다는 소리를 하지 않았대요.

　예 골목에서 놀고 있는데 차 한 대가 눈 깜짝할 사이에 옆으로 지나갔어.

눈살을 찌푸리다
못마땅해 하다.

 엉큼한 중과 예쁜 처녀

옛날 어떤 절에 아주 엉큼한 중이 하나 있었어. 그 중은 산 아래 마을로 시주하러 다녔는데, 그 마을에는 예쁜 처녀가 있었어.

'저 처녀한테 장가나 들면 소원이 없겠다.'

하지만 중이 장가를 든다니 그게 말이나 돼? 그 소리를 들으면 누구든 눈살을 찌푸리겠지. 그러니 중은 속으로만 끙끙대고 있었어.

하루는 중이 또 그 처녀가 보고 싶어 마을로 내려갔지.

스님이 처녀네 집 앞에서 목탁을 두드리니 그 처녀의 아빠가 싱글벙글 웃는 얼굴로 잔뜩 쌀을 주는 거야. 처녀가 곧 좋은 집에 시집을 간대. 그 소리를 들은 중은 심술이 잔뜩 났지만 화를 낼 수도 없어서 "아미타불, 아미타불" 염불만 외웠지. 처녀의 아빠는 스님이 왜 눈살을 찌푸리는지 알 수가 없었어.

"아니, 스님. 왜 그러십니까?"

그러자 중은 깊은 한숨을 내쉬면서 처녀가 결혼하면 첫날밤에 호랑이한테 물려 가 죽을 팔자라는 거야. 처녀의 아빠는 너무 순진해서 그 말을 그대로 믿었지.

"스님, 제발 제 딸을 살려 주십시오. 어찌 살 방도가 없겠습니까?"

중은 퍼뜩 좋은 생각이 떠올랐어.

"에…… 중에게 시집가면 목숨을 건질뿐더러 아주 잘 먹고 잘 살 수 있습니다."

아빠는 차마 딸을 죽게 할 수가 없어서 중에게 간절하게 부탁했지.

"그렇다면 스님이 제발 저희 딸을 거두어 주십시오."

중은 속마음을 감추고 눈살을 찌푸리면서 "어찌 스님이 장가를 간단 말이오?" 하고는 고개를 흔들었어. 그러자 아빠는 제발 목숨 하나 살려 주는 셈 치고 딸을 데리고 가 달라고 사정했지.

중은 사람들이 흉을 볼까 봐 처녀를 큰 궤짝에 넣어 가기로 했지. 궤짝을 짊어지고 가는 중은 신이 나서 흥얼흥얼했어. 그런데 저 앞에서 원님이 말을 타고 오는 거야. 도둑이 제 발 저린다더니 중은 큰일 났다 싶어 궤짝을 팽개치고 숨었어. 원님은 길 한가운데에 있는 궤짝을 보고 이게 뭔가 싶었지. 궤짝을 열어 보니 웬 처녀가 있거든. 처녀의 말을 들어 보니, 그 중이 괘씸하기 짝이 없어. 저절로 눈살이 찌푸려졌지.

원님은 사냥을 나갔다가 잡아 온 호랑이를 처녀 대신 궤짝에 집어넣었지. 그러고는 처녀를 집에 데려다 주었단다. 한편 멀찌감치 도망가 숨어 있던 중이 돌아와 보니 궤짝이 그대로야. 그래서 궤짝을 짊어지고 절로 돌아왔어.

"색시야, 이제 궤짝에서 나와 나랑 밥이나 먹자."

중이 궤짝을 여니까 호랑이가 어흥, 하고 튀어나왔지. 호랑이는 중을 한 입에 꿀꺽해 버렸대.

> 예 눈살을 찌푸리게 하는 광경입니다.

눈에 차다

흡족하게 마음에 들다.

 ## 하나로 묶은 나뭇가지

어느 마을에 아들을 셋 둔 아버지가 있었어요. 아버지는 성품이 어질고 온화해서 많은 사람들의 칭찬을 받았지만, 세 아들은 잘난 척이 심해 툭하면 가는 곳마다 시비가 붙었습니다. 하지만 아버지는 아들들이 좀 더 자라면 스스로 깨우칠 거라고 믿었기에 절대 이래라저래라 잔소리하지 않았습니다.

첫째는 힘이 셌지만 성격이 급해서 실수가 많았어요. 하지만 그런 첫째가 보기에 동생들은 영 눈에 차지 않았습니다.

"어쩜 저리 비실비실할까? 몸을 제대로 못 쓰니 제대로 하는 일이 없는 게야."

아버지는 그런 첫째의 혼잣말을 듣고도 모르는 척했답니다.

둘째는 말재주가 뛰어났지만 그런 만큼 말이 많아 자연히 말실수도 잦았어요. 하지만 그런 둘째가 보기에는 자신의 형제들이 눈에 차지 않았습니다.

"나와 피를 나눈 형제지간인데, 어쩜 형도 아우도 저리 말을 못하지? 말이 어눌한 형이나 말수가 적은 아우나, 장래가 결코 밝다고는 볼 수 없지. 서당개 3년에 풍월을 읊는다고, 나를 보고 배운 게 없냔 말이야……."

아버지는 그런 둘째의 자만심 또한 모르는 척했습니다.

막내는 아주 영리했답니다. 어찌나 영리한지 풀지 못하는 수수께끼가 없었어요. 그러다 보니 막내는 자기만 똑똑하고 다른 사람들은 다 바보 같다고 여겼어요. 특히 형들을 대놓고 업신여겼지요.

"형들은 좀 더 지혜롭게 처신할 수 없겠어요? 그래서 아버지 눈에나 차겠냔 말이에요."

화가 난 형들은 막내를 볼 때마다 쥐어박곤 했어요.

> **눈감다**
> 잘못을 알고도 모른 체하다.
> 목숨이 끊어지다.

아버지는 스스로 화를 부르는 막내의 행동도, 그런 철없는 동생을 막 대하는 형들의 행동도 모른 척 눈감아 주었답니다.

세월이 흘러, 아버지의 믿음대로 아들들은 모두 다 멋진 남자로 자랐어요. 형제지간에 사이가 그다지 좋지 않다는 점만 빼고요. 어느 날 아버지는 자신이 곧 죽을 때가 가까워졌다는 걸 알고는 세 아들을 불렀어요.

"얘들아, 나는 이제 곧 눈감을 때가 왔단다."

그러자 세 아들은 모두 슬피 울었답니다.

"내 부탁을 들어다오. 지금 밖으로 나가 나뭇가지를 주워 오너라."

세 아들은 모두 한 아름씩 나뭇가지를 주워 왔답니다.

"가지를 하나씩 꺾어 보아라."

그러자 모두들 손쉽게 나뭇가지를 꺾었지요.

"이제 가지 여러 개를 하나로 묶어 보아라."

아들들은 아버지의 말대로 가지를 한데 묶었어요.

"이제 그 나뭇가지를 꺾어 보아라."

한 묶음이 된 나뭇가지는 꺾이지 않았어요. 힘센 첫째의 손에도 꺾이지 않

았지요.

"보았느냐? 너희들은 이 나뭇가지와 같아서 혼자 있을 때는 손쉽게 꺾이지만, 셋이 힘을 모은다면 아무도 너희들을 쉽게 꺾을 수 없을 게다."

아버지는 세 아들을 바라보며 말을 이었습니다.

"나는 너희들이 사이좋은 형제가 되길 늘 바랐단다. 하지만 한 명 한 명은 이토록 훌륭하게 자라났어도 너희들 사이는 점점 더 나빠지는 것 같구나. 앞으로라도 너희들의 우애가 깊어진다면, 내 눈을 편히 감을 수 있겠구나."

아버지의 말에 세 아들은 서로 손을 꼭 잡았답니다. 그 모습을 본 아버지는 편안한 얼굴로 눈감았습니다.

예 그 가게에는 눈에 차는 옷이 별로 없어.

> 관용구
>
> ## 눈이 동그래지다
> 몹시 놀라거나 의아하여 눈을 크게 뜨다.

 칼국수가 좋아요

지원이가 제일 좋아하는 음식은 칼국수예요. 멸치 국물에 끓인 칼국수, 고기 육수에 끓인 칼국수, 닭 칼국수, 바지락 칼국수……. 그 어떤 칼국수라도 다 좋아해요.

"내가 너를 임신했을 때 칼국수를 너무 많이 먹은 것 같다."

엄마는 지원이를 임신했을 때 유난히도 칼국수가 당겼대요. 그래서 외할머니한테 타박도 많이 받았대요. 임신했을 때는 영양가 높은 음식을 골고루 먹어야 하는데, 만날 칼국수만 먹는다고 말이에요. 그런데 지원이를 낳고 나니 칼국수가 더 이상 먹고 싶지 않았대요. 아마 그때도 엄마가 칼국수를 먹고 싶었던 게 아니라 지원이가 뱃속에서 자꾸 칼국수를 달라고 했던 건지도 몰라요. 지원이는 지금까지도 칼국수를 좋아하니까요.

"와, 역시 이 맛이야!"

지원이는 엄마랑 일주일에 한 번은 동네에 있는 칼국숫집에 가요. 바지락 칼국수 전문점이라 바지락과 함께 낙지를 넣고 칼국수를 끓여요.

후루룩후루룩 칼국수를 넘기는 지원이를 보며 엄마가 말했어요.

"어쩜 이렇게 잘 먹을까? 아무래도 이번 주말에는 대부도에 가서 제대로 된 바지락 칼국수를 한번 사 줘야겠네."

엄마가 말했어요. 지원이는 칼국수를 먹다 말고 눈이 동그래져서 엄마를 바라봤어요.

"정말?"

지원이는 날아갈 듯 기분이 좋아졌어요. 지금까지 대부도의 바지락 칼국수가 맛있다는 말만 들었지, 한 번도 먹어 보지 못했거든요.

토요일 점심때를 좀 못 미쳐 지원이랑 엄마는 대부도로 출발했어요. 대부도에 도착하자마자 지원이는 눈이 동그래졌어요. 여기도 칼국수, 저기도 칼국수……. 수없이 많은 칼국숫집이 늘어서 있었어요.

그 가운데 엄마가 알아 온 최고의 맛집으로 들어갔어요. 소문대로 가게 안은 손님들로 가득 차 있었어요. 다행히 자리 하나가 났어요. 조금 뒤 바지락 칼국수가 나왔어요.

"우아!"

지원이는 눈이 휘둥그레졌어요. 입도 다물어지지 않았어요. 지금껏 알던 칼국수하고는 차원이 달랐어요. 칼국수 위로 바지락이 산더미처럼 쌓여 있었어요.

바지락 살을 하나씩 까먹는 맛도 좋았지만, 그 국물은 정말 기가 막히게 시원했어요. 먹을 때마다 그 맛에 눈이 동그래졌답니다.

예 하교 시간도 안 돼서 집에 온 나를 보고 엄마 눈이 동그래졌다.

관용구

눈치를 살피다
일이 돌아가는 형편이나 남의 마음을 미루어 짐작하거나 엿보다.

 ### 똥강아지 꿀강아지

강원도 어느 산골에 사는 시골 사람이 벌을 쳐서 꿀을 많이 얻었어. 그런데 산골에서는 돈을 주고 꿀을 사 먹을 만한 사람은 없었지. 그래서 시골 사람은 꿀을 들고 서울로 왔어. 이참에 꿀도 팔고 서울 구경도 해 볼 참이었지.

시골 사람이 서울 어느 한구석에 앉아 "꿀 사시오~ 꿀 사시오" 하니까 마침 지나가던 서울 부자가 그걸 보게 되었어. 슬쩍 눈치를 살피니, 어수룩한 게 세상물정 하나도 모르는 시골 사람이야.

"에끼, 이 사람아. 지금 나라에서 꿀 파는 사람을 다 잡아간다는 것도 모르는가? 냉큼 집으로 돌아가게나."

시골 사람은 깜짝 놀랐지. 하지만 집으로 가자니, 돌아갈 노잣돈도 없었어. "이 일을 어쩌죠?" 하니까 서울 부자가 딱하다는 듯이 돈 석 냥을 주는 거야. 시골 사람은 고맙다면서 서울 부자에게 꿀을 그냥 줬지.

그런데 시골 사람이 허겁지겁 집으로 돌아가는 길에 다른 꿀 장수를 봤어. 슬그머니 눈치를 보니까 꿀 장수를 잡아가기는커녕 사람들이 꿀을 사려고 줄을 서 있는 게 아니겠어. 석 냥이 뭐야, 서른 냥은 족히 받

노잣돈
먼 길을 오가는 데 드는 돈.

고 팔고 있더래. 그제야 시골 사람은 자기가 서울 부자에게 속은 걸 알았지.

그래서 시골 사람은 꿀 팔던 곳에 되돌아가서 서울 부자가 다시 지나가길 기다렸지. 서울 부자는 시골 사람이 시골로 돌아가지 않고 자기를 기다리고 있는 걸 보고 깜짝 놀랐어. 하지만 살짝 눈치를 살피니, 시골 사람이 마치 자기를 은인 보듯 하는 게 아니겠어.

"집으로 돌아가다 가만 생각해 보니 어르신 덕에 제가 죽을 목숨을 살린 것 같습니다. 은혜를 갚고 싶으니 꼭 저희 집에 한번 놀러 오십시오."

그래서 서울 부자는 시골 사람 집에 놀러 가게 되었어. 시골 사람은 은인이 왔다며 대접을 아주 잘해 줬지. 그러면서 강아지를 불러 똥을 싸게 하는데 어머나, 똥이 아니라 꿀이네! 부자가 놀라 물으니 시골 사람 말이 자기네 강아지는 원래 똥이 아니라 꿀을 싼다는 거야. 그래서 자기네 집에는 꿀이 많다는 게지. 사실은 시골 사람이 강아지에게 열흘 동안 꿀만 잔뜩 먹여 미처 소화가 안 된 꿀이 그냥 줄줄 나왔던 거지.

서울 부자는 그 꿀강아지만 있다면 더 큰 부자가 될 것만 같았어. 이래저래 눈치를 살피니 시골 사람은 그 꿀강아지가 얼마나 신기하고 귀한 줄도 모르는 것 같았어. 그래서 안 팔겠다는 시골 사람에게 300냥이나 되는 큰돈을 덥석 주고는 뺏어 오다시피 해서 그 강아지를 데리고 서울로 왔어.

서울로 데려온 강아지가 꿀을 싸겠어, 똥을 싸겠어? 서울 부자는 화가 나서 시골로 쫓아갔지. 어라? 그런데, 그 시골 사람이 며칠 전에 죽었다는 거야. 새로 생긴 무덤까지 있어. 사실 시골 사람은 서울 부자가 다시 올 줄 알고 무덤 속에 숨어 있었지.

"홍, 꼴좋다. 제 놈이 똥강아지를 꿀강아지라고 날 속이더니, 그 죗값을 받아 죽었구나."

그러니까 무덤 속에 숨어 있던 시골 사람이 나무 꼬챙이로 땅 위에 있는 서울 부자 엉덩이를 쿡쿡 찌르면서 말했지.

"어수룩한 시골 사람 속여 서른 냥짜리 꿀을 석 냥에 사 간 네놈은 왜 안 죽고 살아 있냐?"

그러자 서울 부자는 기겁을 하고 도망쳤다는 거야. 무덤 속에서 소리가 나니까 그게 귀신이 내는 소리인 줄 알았겠지.

예 엄마 아빠가 싸운 날은 괜히 눈치를 살피게 된다.

늦게 배운 도둑이 날 새는 줄 모른다

늦깎이로 어떤 일을 시작한 사람이 먼저 시작한 사람보다 깊이 빠져 즐기게 된다.

 어느 늦깎이 도둑의 도전

　조선 시대, 한 형제의 이야기예요. 형은 어릴 때부터 도둑질을 배워 이 마을 저 마을 돌아다니며 남의 물건을 훔쳤어요. 겁이 많아서 큰 것은 욕심내지 못하고 푼돈이나 쌀가마를 훔치는 것이 고작이었어요. 아우는 도둑인 형을 부끄러워하며 그만두라고 잔소리를 했지요.

　한편 아우는 일이 잘 풀리지 않았어요. 뭘 해도 망하기 일쑤였고 사기꾼에게 당한 적도 한두 번이 아니었어요. 아우는 먹고살기가 어려워 결국 형을 따라 도둑이 되기로 작정했어요.

　형은 아우를 안타까운 눈빛으로 보며 말했어요.

　"정말 괜찮겠니?"

　"걱정 마세요."

　형제는 굶주릴 때마다 건넛마을로 가서 쌀을 한 가마씩 훔쳐 왔어요. 도둑질이 생각보다 잘 풀리자 아우는 곰곰이 생각해 보았어요. 좀도둑질해 봐야 고생만 하지 평생 큰돈 한번 만져 볼 수 없을 것 같았어요. 이러나저러나 도둑질인데 큰 도둑이 되는 게 낫겠다 싶었죠.

　"형님, 내일은 한양으로 가서 가장 큰 부잣집을 털어 봅시다."

아우의 말에 형은 손을 저었어요.

"아서라. 욕심부리다가 망하는 법이다."

"언제까지 이렇게 살아요? 저만 믿고 따라오세요."

다음 날, 형제는 한양으로 올라갔어요. 아우는 물어물어 가장 큰 부잣집을 찾아내 사정을 알아보고 어떻게 도둑질할 것인지 계획을 세웠어요.

"형님, 최 부잣집 안방 장롱에 금은보화가 그득한 상자가 들었대요. 알아보니 오늘 마침 최 부자는 제사를 지내러 큰집에 가서 새벽에 온답니다."

"그런 보물을 그냥 두었겠니? 자물쇠로 꽁꽁 채워 놓았겠지."

형이 시큰둥하자 아우는 빙그레 웃으며 주머니에서 무엇인가 꺼냈어요.

"제가 그 정도도 모르겠어요? 그 집 하인에게 술을 잔뜩 사 주고 그 집안의 열쇠 뭉치를 훔쳤지요."

"허허허, 대단하구나."

그날 밤 형제는 부잣집 담을 넘었어요. 주인이 없어서 그런지 하인들도 일찌감치 저녁밥을 먹고 잠자리에 들어 집 안이 조용했어요. 마치 하늘이 형제를 돕는 것 같았어요.

살금살금 안방으로 들어가 장롱에 매달린 자물쇠에 열쇠를 밀어 넣었어요. 그런데 열쇠가 맞지 않았어요. 수백 개 가운데 무엇이 맞는 열쇠인지 알 수 없었어요. 아우는 열쇠를 하나씩 맞춰 보았어요. 옆에서 형이 서두르라고 계속 독촉하자 마음대로 되지 않았어요. 새벽이 지나도록 아우는 땀을 뻘뻘 흘리며 자물쇠와 씨름했어요.

꼬끼오. 멀리서 닭 울음소리가 들렸어요. 형은 그만 나가자고 옷을 잡아끌었어요.

"날 샜다, 날 샜어. 그만 포기하고 돌아가자."

동생은 들은 체도 않고 자물쇠에 열쇠 맞추기를 멈추지 않았어요. 마침내 딸깍 소리와 함께 자물쇠가 열렸어요. 그런데 보물 상자를 꺼내려고 할 때, 갑자기 방문이 활짝 열렸어요. 그사이 날이 완전히 밝아 집주인이 돌아온 거예요.

날 새다
일을 제대로 마무리 짓기엔 너무 늦었다는 뜻. 일을 망쳤다는 뜻으로도 쓴다.

예) 늦게 배운 도둑이 날 새는 줄 모른다더니 여든이 넘어 한글을 배우는 우리 할머니, 공부하는 재미에 밤잠을 잊었습니다.

③ 굳어진 문장: 관용구·속담   105

> ### 달걀로 바위 치기
> 도저히 이겨 낼 수 없는 상황.

속담

 ## 지수의 결심

"띠리리리 리리리리리."

3교시가 끝나는 종이 울리자 아이들은 신이 났어요. 4교시는 체육 시간이거든요. 지수네 반 아이들은 대부분 체육 시간을 좋아해요. 체육 시간에는 재미있는 놀이를 자주 하거든요.

오늘 체육 시간에는 닭싸움을 한대요. 아이들은 다들 환호성을 질렀어요. 여자아이들도 닭싸움을 아주 좋아하는 것 같아요.

하지만 지수는 그렇지가 않아요. 지수는 반 아이들 가운데 키도 제일 작고 몸무게도 제일 적게 나가요. 몸도 무척 약해서 1년에 반은 감기를 달고 살아요.

그래서인지 아이들은 몸으로 뭔가를 할 땐 지수는 슬쩍 빼고 생각해요. 하긴 선생님조차 아이들 앞에서, "지수야, 힘든데 할 수 있겠니?" 물어보곤 해요.

물론 지수도 알아요. 선생님이 지수를 생각해서 하는 말이라는 걸요. 그래도 자존심이 상하는 건 어쩔 수 없어요.

오늘 닭싸움에서는 남자는 남자끼리, 여자는 여자끼리, 번호 순서대로 두 명씩 겨뤄 승자를 가리기로 했어요. 두 명 가운데 이긴 사람은 이긴 사람끼리 다시 겨뤄 최종 승자를 가리는 토너먼트 방식이죠.

맙소사! 이런 방식이라면 지수의 상대는 철민이예요. 철민이는 지수와는 반대로 반에서 가장 키도 크고 몸무게도 많이 나가요.

"지수, 너 큰일 났다. 기권(棄權)해, 기권!"

> **기권**
> 권리를 스스로 포기함.

아이들은 벌써 승부가 정해졌다는 듯이 지수한테 기권을 권했어요.

"지수, 어떡할래? 할 수 있겠니? 아님…… 상대를 바꿀까?"

선생님도 걱정된다는 눈빛으로 물었어요.

지수는 오기가 생겼어요. 질 때 지더라도 이렇게 그냥 물러나는 건 안 될 것 같았어요. 수업 시간이고, 선생님도 있으니까 크게 잘못될 일도 없겠다 싶었죠.

"아뇨. 그냥 해 볼래요."

지수의 말에 아이들은 물론 선생님도 깜짝 놀라는 눈치였어요.

"야, 그만둬. 이건 달걀로 바위 치기야."

누군가 큰 소리로 이렇게 외쳤어요. 그러자 여기저기에서 지수를 말리기 시작했어요.

"맞아. 괜히 다치기라도 하면 어쩌려고 그래?"

아이들이 소란을 떨자 선생님이 말했어요.

"자, 모두 조용히 해라. 길고 짧은 건 대 봐야 안다는 말이 있지. 달걀로 바위 치기인지 아닌지는 겨뤄 봐야 아는 거야. 그리고 설사 달걀로 바위 치기라고 해도, 해 보는 게 중요한 거고. 알았지?"

선생님 말에 주위는 다시 조용해졌어요.

결국 지수는 철민이와 닭싸움을 했지요. 누구나 예상했던 것처럼 지기는

했지만, 예상만큼 맥없이 지지는 않았다는 사실에 아이들은 놀랐지요. 그중에서도 가장 놀란 사람은 지수였지요.

예 달걀로 바위 치기라고 해도 일단 도전해 볼까?

> ### 달면 삼키고 쓰면 뱉는다 속담
> 옳고 그름이나 믿음에 상관없이 오직 자신의 이익에 따라 행동한다.
> 진실과는 상관없이 기분 내키는 대로 행동한다.

 나무의 세 친구

사이 좋은 네 친구가 있었어요. 힘이 센 친구, 말을 잘하는 친구, 똑똑한 친구, 부자인 친구. 넷은 형편도 개성도 달랐지만 마음만큼은 아주 잘 통했지요.

그런데 어느새 보니, 둘씩 만나는 경우가 많아졌어요. 힘센 친구랑 똑똑한 친구 둘이 만나기도 하고, 돈 많은 친구랑 말 잘하는 친구 둘이 만나기도 했어요. 어떤 때는 말 잘하는 친구랑 똑똑한 친구가 만나기도 했지요. 이렇게 둘씩 만나다 보니, 자리에 있지 않은 친구들에 대한 이야기를 하기도 했어요.

"힘센 애는 어쩔 때 보면 좀 멍청한 것 같지 않아?"

"하하, 너도 그런 생각 했니? 사실 걔가 그런 면이 좀 있지."

"돈 많은 친구가 밥 사 줘서 잘 먹었어. 그런데 너무 잘난 척하는 것 같았어."

"맞아. 나도 그런 걸 느낄 때가 있어."

어쩌다 보니 재미로 시작한 이야기가 흉보는 이야기로 변해 버리는 경우도 있었지요. 서로에 대해 이러쿵저러쿵 말이 많아지다 보니, 넷은 조금씩 사이가 어색해졌답니다.

사실 넷은 다들 서로서로 좋아했답니다. 그런데도 한 다리 두 다리를 건너 그런 말을 들을 때면 서운했지요. 어쩔 때는 얼굴을 붉히기도 했어요.

어느 날, 오랜만에 넷이 한자리에 모였어요. 어쩐지 서먹해진 분위기 속에서 한 친구가 입을 열었습니다.

"어젯밤에 신기한 꿈을 꾸었다네. 웬 나무에게서 자기 친구 이야기를 들었지."

"오호? 나무에게도 친구가 있는가?"

"세 친구가 있다고 하더군. 바람과 새와 달이라네. 바람은 변덕스러워 제멋대로 찾아와 놀다 간다더군. 가끔씩 성질이 고약해져서 나뭇가지를 부러뜨릴 때도 있다고 했네. 그에 비하면 새는 유순한 친구인데, 어느 날 날아와 나뭇가지에 둥지를 틀어 정이 많이 들었다더군. 그런데 갑자기 말도 없이 날아가 버렸다네. 언제나 변함없이 나무에게 다가와 조용히 놀다 가는 친구는 달이라고 했네."

세 친구는 조용히 귀를 기울였어요.

"내가 나무에게 물었지. 세 친구 중 누굴 가장 좋아하냐고."

"그랬더니?"

"나는 내심 달이 믿음직하기에 그를 가장 좋은 친구라고 말할 줄 알았다네. 그런데 나무는 세 친구 모두 다 똑같이 좋다고 하더군."

한 친구가 물었어요.

"아니, 자기 나뭇가지를 부러뜨리는 바람은 고약하기만 한데, 똑같이 좋은 친구라니?"

"바람뿐인가. 둥지를 틀 때는 언제고 뒤도 안 돌아보고 떠난 새는 매정하

기만 한데, 똑같이 좋다니?"

"나도 그리 물었지. 그랬더니 나무가 하는 말이, 잘해 준다고 해서 좋아하고 잘못했다고 해서 미워하는 건 이미 친구가 아니라더군. 달면 삼키고 쓰면 뱉는 건 친구 사이에 해당되는 말이 아니라고 말이야. 달콤한 친구든 쓰디쓴 친구든, 친구 사이에는 믿음만 있으면 된다고 하더군."

네 친구는 서로를 바라보았어요.

"그렇군. 정말 그러하군. 달면 삼키고, 쓰면 뱉는 건 세상의 이치이지 친구 사이의 이치는 아니지 않은가?"

네 친구는 서로에게 가졌던 서운한 감정을 털어 버리고, 더욱 친한 친구 사이가 되었다고 합니다.

예 달면 삼키고 쓰면 뱉는다더니 듣기 좋은 말만 좋아하고 진심 어린 충고는 새겨들을 줄 모른다.

> 속담
>
> ## 닭 쫓던 개 지붕 쳐다보듯
>
> 애써 하던 일이 실패로 돌아가 어쩔 도리가 없는 상황.

 ## 분하지만 별수 없군

황소가 하루 종일 밭을 갈고 집으로 돌아왔을 때였어. 마당에서는 닭이 유유자적하며 쌀을 쪼아 먹고 있었어. 황소가 닭을 보고 말했지.

"나는 날마다 농사일에 무거운 짐 져 나르며 뼈 빠지게 일하는데도 겨우 콩 껍질이나 짚 나부랭이를 얻어먹고 사는데, 너는 하루 종일 하는 일도 없으면서 맛있는 쌀만 먹으니 도대체 어떻게 된 일이냐?"

닭이 말했어.

"황소님은 배운 게 없잖아요. 그래서 힘든 일을 해도 먹는 게 변변찮은 거예요. 나는 학문을 열심히 갈고닦아서 힘든 일 안 하고도 좋은 쌀만 먹고요."

옆에서 듣고 있던 개가 화가 나서 말했어.

"황소님은 말할 나위도 없지만, 나만 해도 밤잠 못 자고 도둑을 지키고 있지만 겨우 식은 밥이나 얻어먹고 있다. 그런데 넌 학문을 열심히 갈고닦아서 쌀만 먹는다고?"

그러자 닭이 뾰로통해서 대답했지.

"나는 이 세상에서 시간을 알리는 벼슬을 하고 있단 말이에요. 잠도 제대로 못 자고 새벽마다 시간을

> **유유자적하다**
> 어떠한 간섭도 없이 한가롭고 여유롭게 시간을 보내다.

가르쳐 주는 일, 나 말고는 아무도 못 할걸요? 게다가 제 모습을 보세요. 비단같이 고운 윤기 나는 깃털에 붉은 관을 쓰고 눈앞에 주먹 같은 옥관자를 붙였으니 틀림없는 벼슬 아니고 뭐란 말인가요?"

"흥, 꼬꼬댁거리면서 잘도 지껄이는구나."

개가 말했어.

"먼동이 떠오를 때마다 '꼬끼오' 하고 우는 뜻을 풀이해 보면 이렇지요. 고할 고(告) 자와 그 기(基) 자, 중요 요(要) 자. '고기요'는 중요한 것을 알린다는 뜻이에요. 개님께서 짖는 소리에는 아무 뜻이 없잖아요. 소음이에요."

"이런 건방진……!"

개는 닭의 말을 듣다가 성질이 나서 닭에게 달려들었어. 이때부터 개에게 물어뜯긴 닭 벼슬이 지금처럼 톱날 모양이 됐지.

닭은 개를 뿌리치고 지붕으로 날아갔어. 그러곤 개를 내려다보고 말했지.

"이 성질 더러운 개야. 여기는 못 올라오겠지? 약 오르지?"

개는 닭을 놓치고 멍하니 지붕만 쳐다봤어. 하지만 더 이상 닭을 어찌해 볼 수가 없었어.

이처럼 애써 하던 일이 실패로 돌아가 민망한 상황을 두고 '닭 쫓던 개 지붕 쳐다본다'고 말하게 됐대.

> 예 대회가 취소되었다는 소식이 들리자, 밤낮없이 대회 준비에 매달린 소현이는 닭 쫓던 개 지붕 쳐다보는 꼴이 되었어요.

도토리 키 재기

> 속담

고만고만한 사람끼리 서로 다투거나 경쟁하는 상황.

 다람쥐 눈에는 어떨까

가을이 되자 참나무 숲에 울긋불긋 단풍이 들기 시작했어요. 이 숲에는 참나뭇과의 여섯 형제가 어울려 살고 있었어요. 갈참나무, 졸참나무, 상수리나무, 굴참나무, 떡갈나무, 신갈나무였어요.

여섯 나무에서 떨어진 도토리들은 푸른 옷을 갈색 옷으로 갈아입고 따사로운 햇살과 맑은 바람을 쐬고 있었어요. 어제보다 껍질은 단단해졌고 반짝반짝 윤이 났어요.

도토리들은 만나기만 하면 시끄러웠어요. 서로 더 잘났다고 아옹다옹 싸웠지요.

가장 먼저 갈참나무 도토리가 다른 도토리들 앞으로 나서며 말했어요.

"내가 가장 매끈하지 않니? 게다가 물고기 비늘 모양의 모자도 멋지잖아."

갈참나무 도토리가 잘난 체하자 졸참나무 도토리가 아니꼽다는 듯 말했어요.

"내 모자랑 똑같은데 뭘 그래? 매끈하기로 따지면 내가 제일이지. 그리고 나는 너희들처럼 맛이 떫지 않아서 사람들이 가장 좋아한다고."

사람들은 다른 도토리보다 졸참나무 도토리를 좋아했어요. 도토리묵을 만들 때 가장 맛있는 것이 바로 졸참나무 도토리였거든요. 굴참나무 도토리가 콧방귀를 뀌었어요.

"강낭콩만 한 게 뭐 잘났다고 까부니? 인물은 내가 너보다 낫지. 그리고 너희는 1년이면 다 자라지만 나는 2년이나 걸리는 귀한 몸이라고."

갑자기 상수리나무 도토리가 허허 웃었어요.

"다 자라는 데 2년 걸리는 것은 나나 자네나 마찬가지야. 하지만 자네는 생긴 것이 오종종하니 좀 못났나. 그에 비해 나는 훤하게 잘생겼지. 자네가 시커먼 농사꾼이라면 나는 글 읽는 선비라네."

상수리나무 도토리가 선비처럼 헛기침을 하며 수염을 쓰다듬었어요. 모자를 깊이 눌러쓴 떡갈나무 도토리가 피식 웃었어요.

"선비 같은 소리 하고 있네. 어떤 선비가 자네처럼 모자를 삐뚜름하게 쓰고 있단 말인가? 나처럼 단정하게 써야 진짜 선비지."

신갈나무 도토리는 혼자 뚝 떨어져 아무 말도 하지 않았어요. 다른 도토리들이 무슨 말이든 해 보라고 졸랐어요. 그러자 신갈나무 도토리는 못 이기는 척 한마디 했어요.

"겉모습이 뭐 그리 중요한가? 나는 자네들처럼 속내가 가볍고 얕은 도토리들과 함께 섞이고 싶지 않네."

신갈나무 도토리의 말에 다른 도토리들은 야유를 퍼부었어요. 그리고 저마다 잘났다고 다투는 것이었어요.

도토리들이 한참 아옹다옹하고 있을 때 다람쥐 한 마리가 지나갔어요. 도토리들은 다람쥐에게 누가 가장 잘났는지 물어보기로 했어요.

"다람쥐 아저씨! 저희들 가운데 누가 가장 잘나 보이나요?"

마침 먹이를 찾고 있던 다람쥐는 이게 웬 떡이냐 싶었어요. 기쁜 표정을 숨기고 능청스럽게 대답했답니다.

"내 눈에는 도토리 키 재기 같은데. 너희는 모두 겨울을 나는 데 필요한 고마운 양식일 뿐이야."

다람쥐는 도토리 형제를 모두 쓸어 담아 기쁘게 집으로 돌아갔어요.

㉮ 쌍둥이인 영희와 수희는 서로 자기 키가 더 크다고 주장하지만 사실 도토리 키 재기이다.

관용구

독 안에 든 쥐
궁지에서 벗어날 수 없는 처지.

 ## 물고기를 몰아라

"시골에 먼 친척분이 사시는데, 우리 이번 주말에 거기라도 다녀올까?"
아빠가 말했어요.
"야! 신난다!"
"좋아요!"
찬영이 찬성이는 큰 소리로 외쳤지요.

사실 찬영이 찬성이는 이번 여름 방학에는 휴가를 못 갈 거라고 포기하고 있었어요. 아빠가 하는 일이 잘 안 풀려서 시간을 내기도 힘들었고, 좋은 곳에 놀러 갈 형편이 못 됐거든요. 그런데, 시골이라니요? 찬영이 찬성이는 그 어디를 가도 좋았어요.

드디어 시골에 도착했어요. 친척집은 산골 마을에 벼농사 대신 밭농사를 짓고 있었어요. 워낙 깊은 산골이어서인지 이웃한 집들도 많지 않았어요. 집 바로 뒤쪽에는 산이 있었지요. 산길을 조금만 올라가면 시원한 계곡이 있대요.

산골 마을이지만 한여름의 낮 시간은 무척이나 길었어요. 찬영이 찬성이는 늦은 점심을 먹고 계곡에 놀러 가기로 했어요.

"계곡에 가면 고기도 있다. 낚시 그물망도 가져가 봐라."

"정말요?"

찬영이 찬성이는 계곡으로 갔어요. 계곡은 생각보다 컸어요. 살금살금 계곡 물에 발을 담갔어요. 발은 차가운 계곡 물에 금방 적응했지요.

계곡 물속에 수많은 물고기가 보였어요. 찬영이가 손으로 잡아 보려 했지만 어찌나 빠른지 도저히 잡을 수가 없었어요.

"에잇, 손으론 잡을 수가 없네."

"형! 여기 낚시 그물망으로 잡으면 되잖아."

"좋았어. 찬성아. 그쪽에서 물고기를 몰고 형 쪽으로 와. 그럼 내가 이쪽에서 그물망으로 잡을 테니까. 뒤에서 몰고 앞에서 잡는 '독 안에 든 쥐 신세' 작전이야!"

"좋았어!"

찬성이가 살금살금 물고기를 몰기 시작했어요. 물고기들은 찬영이 쪽으로 오기 시작했지요. 찬영이는 자기도 모르게 침을 꿀꺽 삼켰어요.

드디어 물고기들이 찬영이 바로 앞까지 왔어요.

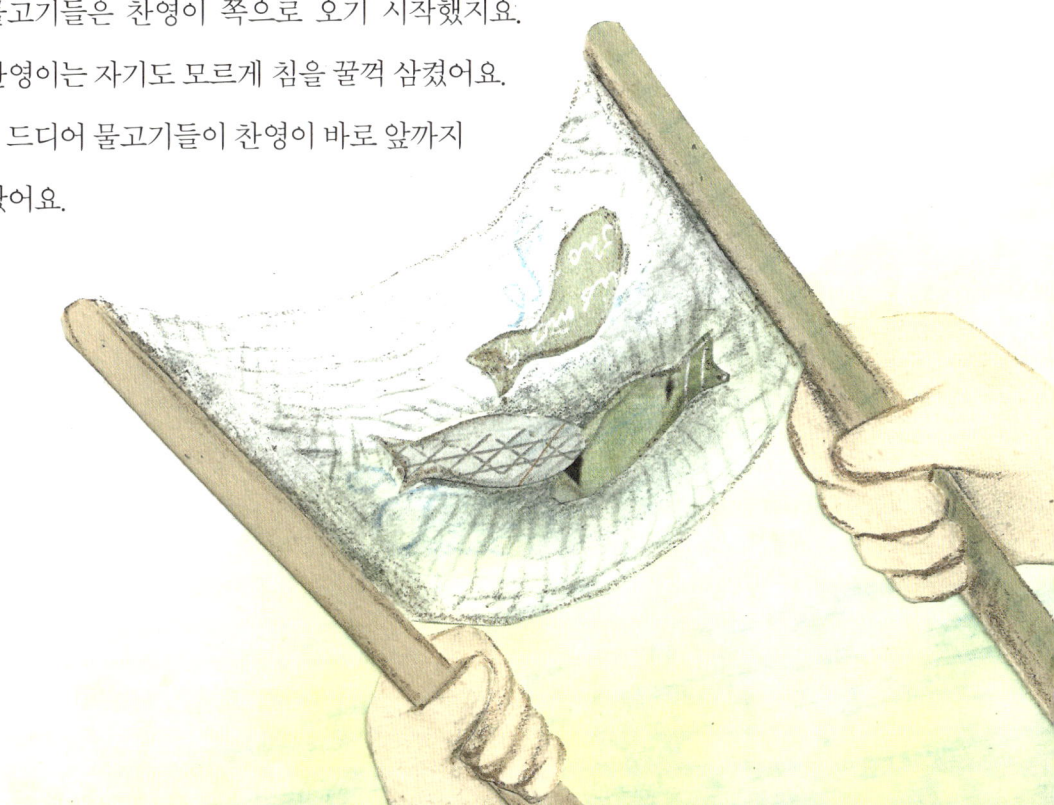

"얍!"

찬영이는 물에 담가 두고 있던 그물망에 물고기들이 모여들자 잽싸게 그 물망을 거둬 올렸어요. 분명 물고기들은 독 안에 든 쥐 신세가 되어 그물망에 다 잡혔을 거라 생각했지요. 찬성이도 같은 생각인지 신나게 찬영이한테 달려왔어요.

그런데 이게 웬일이죠? 분명 다 잡았다고 생각했는데, 잡힌 건 세 마리뿐이었어요. 독 안에 든 쥐 신세였던 물고기들은 다 어디로 간 걸까요?

> 예 술래를 피해 막다른 골목으로 들어선 미진이는 독 안에 든 쥐가 되었다는 것을 깨달았어요.

속담

돌다리도 두들겨 보고 건너라
잘 아는 일이라도 세심하게 주의를 기울여라.

 어떤 의사의 좌우명

유명한 의사 밑에서 의술을 공부하는 제자가 있었답니다. 제자는 오랫동안 스승의 가르침에 따라 열심히 공부했지요. 또한 스승이 하는 모든 일을 세심하게 관찰하며 따라 했어요. 그러자 곧 스승에 버금가는 의술을 가지게 되었답니다.

제자가 스승과 나란히 환자를 치료하게 되자 사람들은 둘 중 누구의 실력이 더 나은지 궁금해 했어요. 제자는 은근히 제 실력을 자랑하고 싶은 마음이 들어 환자를 보기만 해도 무슨 병인지 떠들어 댔어요.

"보지도 않고 어쩜 그리 잘 아십니까?"

사람들은 감탄하면서 제자의 실력이 더 낫다고들 했지요. 그러나 얼마 지나지 않아 아무리 치료해도 잘 낫지 않는 환자가 생겼어요.

결국 제자는 스승의 도움을 받게 되었지요. 스승은 그 환자를 어렵지 않게 치료해 주었답니다. 사람들은 다시금 역시 스승이 제자보다 훨씬 낫다고들 했지요. 제자 역시 새삼 스승에 대한 존경심이 들었어요. 한

> **버금**
> 으뜸 다음에 오는 것. 가장 뛰어나거나 가장 기본적인 것은 으뜸이고, 그 뒤를 이어 둘째 가는 것은 버금이다.

편으로는 자신의 의술에 대해 부끄러움을 느꼈답니다.

스승이 말했어요.

"너의 의술이 나에 비해 결코 모자라지 않는다. 너는 이미 훌륭한 의사야. 다만 한 가지 부족한 점이 있을 뿐이지."

그것이 무엇인지 제자가 묻자 스승은 자신이 진료하는 걸 잘 살펴보라고 했어요. 제자는 스승이 진료하는 걸 유심히 지켜보았어요. 자신과 별반 다르지 않았어요. 굳이 다른 점을 찾는다면 스승은 환자에게 병의 증상에 대해 묻고 또 물어볼 뿐이었죠.

"스승님. 스승님은 저보다 훨씬 경험이 많고, 의술도 뛰어난데, 어째서 뻔

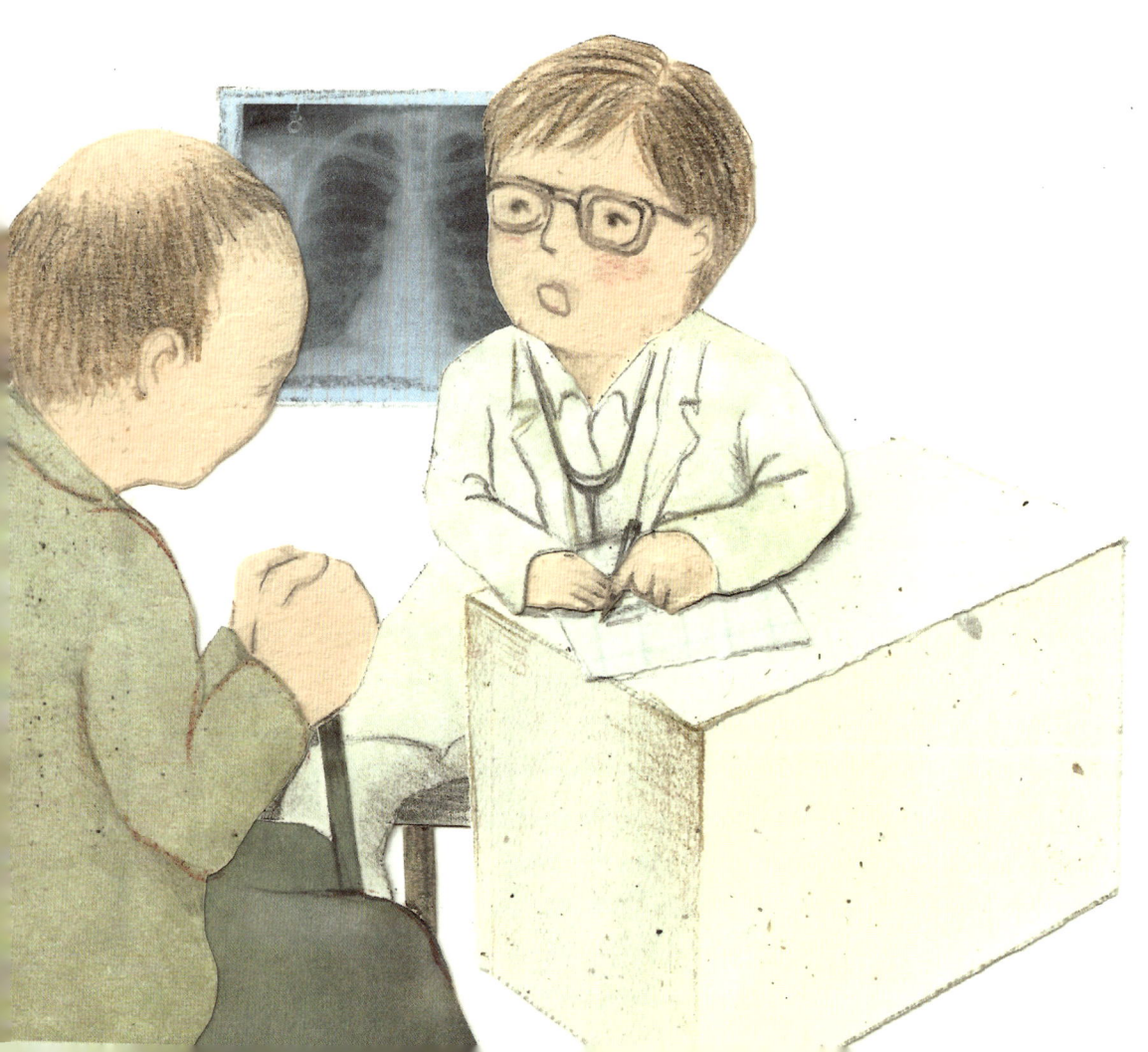

히 아는 병의 증상을 환자들에게 거듭 확인하십니까?"

제자가 스승에게 묻자 스승은 진지한 얼굴로 대답했습니다.

"돌다리도 두들겨 보고 건너야 한다는 옛말이 있지. 난 익숙한 질병을 마주할 때마다 속삭인다네. 돌다리라고 안심하지 말자고 말이야. 의술이란 사람의 목숨을 다루는 일이니 실수가 생기면 안 되지 않겠나?"

제자는 스승의 말을 가슴에 새겼답니다. 사람들 평판에는 더 이상 신경 쓰지 않고, 단 한 번의 실수라도 줄이겠다는 마음으로 아는 병도 물어보고, 또 물어보면서 치료하는 의사가 되었답니다. 그렇게 10년이 흐르자 사람들은 역시 "그 스승에 그 제자"라며 두 사람 모두를 칭찬했답니다.

돌다리도 두들겨 보고 건너는 마음을 '겸손'이라고 합니다. 의술뿐 아니라 그 어떠한 공부를 하더라도 가장 배우기 힘든 것이 바로 겸손이라고 해요.

예 시험이 쉽더라도 돌다리를 두들겨 보고 건너는 마음으로 한 번 더 검토해 봐.

두말하면 잔소리

확실하니 더 말할 필요도 없다.

관용구

 ### 점쟁이의 꿈풀이

젊은이 하나가 아주 용한 점쟁이 옆집에 살았어요. 점쟁이는 전국 각지에서 찾아올 정도로 유명했지요. 그런데 옆집 사는 젊은이만큼은 점쟁이를 믿지 않았어요. 하루는 젊은이가 엉엉 우는 꿈을 꾸었어요. 걱정도 되고, 한번 시험해 보고 싶기도 해서 점쟁이를 찾아가 꿈 이야기를 들려주었지요.

"좋은 꿈일세. 뭘 얻어먹을 꿈이야."

"엉엉 울었는데 좋은 꿈이라고요?"

"두말하면 잔소리. 내 말이 맞나 틀리나 두고 보게."

젊은이는 점심에 장터에 나갔다가 친구에게 맛 좋은 닭죽을 얻어먹었어요. 젊은이는 점쟁이의 말이 어쩌다 맞은 거라고 생각했어요.

그날 밤 젊은이는 또 엉엉 우는 꿈을 꾸었어요. 또 점쟁이를 찾아갔지요.

"옷을 얻어 입겠군."

"엉엉 울었다니까요."

"두말하면 잔소리라니까."

저녁 무렵 건넛마을 사는 친척이 올해 목화 농사가 잘되었다고 솜을 두둑이 넣어 옷 한 벌을 지어 왔어요. 젊은이는 놀라지 않을 수 없었지요.

그날 밤 젊은이는 세 번째로 엉엉 우는 꿈을 꾸었어요. 날이 새자마자 점쟁이를 찾아가니, 이번에는 두들겨 맞을 꿈이라고 했어요.

"똑같은 꿈인데 왜 꿈풀이는 각각 다른 겁니까?"

"거참, 두말하면 잔소리라고 몇 번 말해야 알아듣겠나."

젊은이는 씩씩거리며 집으로 돌아가 콕 들어박혀 나가지 않았어요.

하루 종일 집에 있다 보니 심심해서 견딜 수 없었어요. 마을로 나가니 느티나무 아래서 노인들이 장기를 두고 있었어요.

젊은이는 내기장기인 줄 모르고 노인들 뒤에 서서 차(車) 놔라, 포(包) 놔라 훈수를 두었어요. 그러자 장기에서 진 노인이 벌떡 일어나 젊은이를 사정없이 두들겨 팼어요. 한참 얻어맞던 젊은이는 점쟁이의 집으로 달려갔어요. 그리고 다짜고짜 물었어요. 어떻게 그리도 꿈풀이를 잘하냐고요.

"사람은 아기나 어른이나 다 똑같다네. 아기가 우는 이유가 뭐겠나? 처음에는 배가 고파서 우는 것이고, 다음은 오줌을 싸서 옷을 갈아입혀 달라고 우는 것이지. 그래도 계속 울면 다른 수가 없으니 엉덩이를 몇 대 맞아야지."

허허허 웃는 점쟁이를 보며 젊은이는 알쏭달쏭한 표정을 지었답니다.

예 그 영화 재미있냐고? 두말하면 잔소리지!

> 속담
> # 등잔 밑이 어둡다
> 가까이 있는 사람이 도리어 잘 알기 어렵다.

 우리 동네에도 유물이 있을까

"자, 다음 주까지 우리 마을의 대표 유물과 유적에 대해 조사해 오는 거다. 알았지?"

석주는 갑자기 머리가 띵해졌어요. 갑자기 우리 마을의 유물과 유적이라니요? 옛날에도 우리 마을에 사람이 살기야 했겠지요. 하지만 그동안 본 역사책 그 어디에도 우리 마을 이름은 나오지 않았는데……. 아무래도 조사할 만한 유물이나 유적 같은 게 있을 것 같지가 않았어요.

지금껏 석주는 역사에 관한 것이면 자신이 최고라고 생각했어요. 우리나라의 대표 유물과 유적에 대해서라면 모르는 것이 없었지요. 어려서부터 엄마 아빠와 함께 답사를 많이 다녔기 때문인지, 역사에 관한 것이라면 뭐든 재미있었어요. 역사책도 많이 봤고, 스스로 자료를 찾아보기도 했어요. 그래서 친구들 사이에서 석주의 별명은 '역사 선생님'이지요.

하지만 막상 지금 살고 있는 마을에 대한 유물과 유적, 역사에 대해서는 알고 있는 게 전혀 없었어요. 석주는 지금껏 자신이 '역사 선생님'이라 불렸던 것이 창피하게 느껴졌어요. '등잔 밑이 어둡다'고 막상 내가 살고 있는 곳에 대한 건 아무것도 몰랐던 거니까요.

석주는 집에 오자마자 인터넷에 접속해 마을의 역사를 찾아봤어요.

"지석묘(支石墓)? 우리 마을에 지석묘가 있다고?"

석주는 청동기 시대의 대표 유물인 지석묘가 마을에 있을 거라고는 생각지도 못했어요. 지석묘가 있는 마을이란 청동기 시대부터 사람들이 살던 역사 깊은 마을이라는 뜻이 아니겠어요?

"도요지? 고려 시대 도자기를 굽던 도요지도 있었다고?"

찾으면 찾을수록 석주는 놀랄 수밖에 없었어요. 마을에 이렇게 중요한 유

지석묘
선사 시대 부족장의 무덤인 고인돌.

물과 유적이 많을 거라고는 생각지도 못했으니까요.

석주는 인터넷으로 찾은 우리 마을의 역사를 꼼꼼하게 정리했어요. 가까운 몇몇 장소는 주말을 이용해서 직접 찾아가 보기로 계획도 세웠어요.

저녁때가 되어 엄마 아빠가 들어오자, 석주는 선생님이 숙제로 내준 '우리 마을의 역사'에 대해 이야기를 했어요.

아빠가 말했어요.

"아무래도 우리가 반성해야 할 것 같은걸. 내가 살고 있는 곳은 관심을 안 갖고 멀리서만 역사를 찾으려 했던 것 같아."

엄마도 말했지요.

"그러게. 원래 등잔 밑이 어두운 법이잖아. 원래 가까이 있는 것을 잘 못 보는 법이라고. 그런데 생각해 보니까 말이야, 옛날엔 불빛이 등잔을 통과하지 못해서 어두웠지만 요즘엔 환한 전깃불을 켜고 살고 있으니 그 밑이 어두울 리도 없고……. 완전 우리 잘못이네."

"뭐라고?"

엄마 말에 석주랑 아빠는 웃음이 빵 터져서 한참을 웃었답니다.

> 예 등잔 밑이 어둡다더니, 핸드폰을 손에 쥐고 있으면서 찾았네!

> ### 떡 줄 사람은 꿈도 안 꾸는데 김칫국부터 마신다
> 속담
>
> 어찌 될지 알 수 없는 일인데 미리부터 다 된 일로 알고 행동한다.

 ## 상상은 자유

떡 줄 사람은 꿈도 안 꾸는데, 왜 김칫국을 마실까요? 아마도 떡 먹을 준비를 하는 거겠죠? 미리 목을 적셔 놓는다면 음식이 잘 넘어갈 테니까요.

우리 조상들은 본격적으로 음식을 먹기 전에 맨 먼저 국을 한 숟가락 떠먹는 식사 예절이 있었답니다. 그걸 '술적심'이라고 해요. 밥을 한술 뜨기 전에 국을 먼저 반 수저 정도 떠먹지요. 숟가락을 살짝 국에 적시는 정도로요.

이러한 식사 예절은 임금이 수라(水剌)를 드는 순서에서 나왔다고 합니다. 수라 시중을 드는 기미상궁이 먼저 음식에 독이 있는지 조금 먹어 보지요. 독이 없다 판단하면 그제야 임금은 숟가락을 들고 맨 먼저 동치미 국물을 반 수저 떠먹었지요. 그런 다음 밥과 국을 번갈아 가면서 먹었다고 해요. 물론 한 손에 숟가락과 젓가락을 동시에 들지도 않지요. 이처럼 임금은 수라를 들 때에도 예의범절을 따랐다고 하네요. 얼핏 보면 까다로워 보일지 몰라도 임금의 건강을 지키기 위한 오랜 경험에 의해 만들어진 식사 규범이랍니다.

그런데 떡 줄 사람은 생각조차 하지 않는데, 지레 짐작으로 미리 동치밋국을 떠먹으면 어떻게 될까요?

> **수라**
> 임금의 밥 또는 식사를 높여 부르는 말.

이제 그 이야기를 해 볼까 해요.

한 옹기 장수가 장에 가는 길에 잠시 쉬기로 했어요. 쉬면서 옹기 판 돈으로 무얼 할까 생각했답니다.

"이 옹기를 팔아 닭을 사야지. 닭은 알을 낳을 테고. 그 알 속에서 병아리들이 많이 나오겠지?"

벌써부터 옹기 장수 귀에는 삐약거리는 병아리 소리가 들리는 듯했어요.

"병아리들을 커다란 닭으로 잘 키워 내다 팔아야지. 그러고 나면 이번에는 돼지를 살 테야. 돼지는 새끼를 많이 낳으니까. 새끼 돼지도 열심히 키워야지……."

옹기 장수는 계속해서 닭이 돼지가 되고, 돼지는 소가 되는 상상을 했답니다. 집안 외양간에 소들이 가득 차자 옹기 장수는 부자가 된 듯 어깨를 쭉 펴

면서 거들먹거렸어요.

　부자가 되면 무얼 할까? 옹기 장수는 부자가 될지 안 될지도 모르는데, 벌써부터 새 부인에게 장가갈 생각을 했어요. 정말 떡 줄 사람은 생각도 않는데, 김칫국부터 마시는 꼴이었어요. 옹기 장수에게는 이미 부인이 있었어요. 그런데 새 부인을 또 들인다면 틀림없이 싸우게 될 거예요.

　"싸우기만 해 봐라. 이 작대기로 때려 줄 테다."

　옹기 장수는 두 부인이 싸우는 모습이 떠오르자 화가 나서 들고 있던 지겟작대기를 막 휘둘렀답니다.

　와장창—!

　지겟작대기에 옹기가 다 깨져 버렸답니다. 일어나지도 않은 일을 상상하다가 아까운 옹기만 다 깨어 버렸대요.

　밥을 먹기 전에 잠시 국을 적셔 먹듯이, 하나씩 천천히 일을 해 나가도 늦지 않답니다.

　　예 선생님은 야외 수업 할 생각도 없는데 나가면 뭐하고 놀지 생각부터 하다니, 떡 줄 사람은 꿈도 안 꾸는데 김칫국부터 마셔?

> **속담**
>
> # 마른하늘에 날벼락
>
> 뜻밖에 맞닥뜨린 재난.

 도둑맞은 금덩이

어느 부잣집에 손님이 찾아왔어. 손님은 다짜고짜 부자에게 3천 냥을 빌려 달라고 그러네. 낯선 사람에게 뭘 믿고 그리 큰돈을 빌려줄 수 있겠어? 부자가 어이없어 하자 손님은 커다란 금덩이를 내놓았어.

"내 급하게 쓸데가 있어 돈을 빌리게 되었습니다. 그깟 3천 냥 때문에 이 금덩이를 팔 수도 없고 해서, 이걸 맡길 테니 돈을 빌려주십시오. 열흘 안으로 이자까지 쳐서 갚겠습니다."

그런 큰 금덩이는 본 적이 없었어. 가치를 따지자면 3천 냥이 뭐야, 족히 3만 냥은 더 받을 수 있을 것 같았지. 부자는 그걸 갖고 싶은 욕심에 냉큼 '그럽시다' 하고 돈 3천 냥을 꿔 줬지.

며칠 뒤 금광 일을 하는 조카가 부잣집에 놀러 왔어. 부자는 자랑삼아 금덩이를 보여 줬지.

"아이고, 삼촌 속으셨습니다. 이건 금이 아닙니다. 돌에다가 금칠을 한 것입니다."

마른하늘에 날벼락도 이런 날벼락이 없어. 부자는 깜짝 놀랐지. 금덩이를 긁어 보니 누런 금박이 금방 벗겨지네. 조카 말처럼 속은 까만 돌덩이야.

"아이고, 망했다. 망했어."

부자가 이러고 끙끙 앓아누웠는데, 아들이 왜 그러냐고 물었지. 부자가 이러저러해서 내가 속았다 하니까 아들이 걱정 말래. 돈을 돌려받을 방법이 있다는 거야. 부자는 아들을 믿고 하는 양을 가만히 지켜보았어.

아들은 그날부터 만나는 사람마다 붙잡고 떠들어 대기 시작하는 거야.

"얼마 전에 우리 집에 어떤 사람이 큰 금덩이를 맡겨 놓고 갔는데, 그날 도둑이 들어 훔쳐가 버렸소. 그 사람이 와서 다시 금덩이를 돌려 달라고 하면, 우리는 집을 팔아도 만 냥이 넘어 보이는 그 금값을 다 갚을 수 없을 텐데, 무슨 뾰족한 방법이 없겠소?"

"큰일 났구먼. 어쩌면 좋을까?"

아들 말을 들은 사람은 옆 사람에게, 옆 사람은 또 그 옆 사람에게 말을 옮겼지.

이 이야기가 소문이 쫙 났어. 가짜 금을 맡기고 돈을 빌려 간 사람 귀에도 들어갔지. 그 사람은 돈을 더 받아 낼 욕심으로 부자를 찾아왔어.

"여기 빌려 간 돈 3천 냥과 이자가 있습니다. 이제 금덩이를 주십시오."

그러자 부자가 돈을 한 푼 두 푼 다 셌지. 틀림없이 3천 냥이야. 그리고 이자도 있어.

부자는 냉큼 금덩이를 내밀었지.

"여기 있소이다!"

3천 냥을 빌려 간 사람은 깜짝 놀랐어. 도둑맞았다는 금덩이가 다시 자기 눈앞에 나타날 줄 어찌 알았겠어. 정말 마른하늘에서 우르르 번쩍 날벼락이 치는 느낌이었지.

하지만 어쩌겠어. 다 제 욕심 때문에 그리되었는데.

예 비가 많이 와서 체육대회가 취소되었다니, 이게 웬 마른하늘에 날벼락이야!

마음을 주다

애정을 느끼다. 마음을 숨기지 않고 기꺼이 내보이다.

우리 친해질 수 있을까

소민이는 오늘도 혼자예요.

전학 온 학교에서 벌써 일주일이 지났지만 아직까지 친구를 사귀지 못했어요.

소민이가 전학 온 첫날, 아이들은 소민이 주위로 몰려와 어디에 사는지, 어느 학교에 다녔는지, 뭘 좋아하는지 등 이것저것을 물었어요. 하지만 소민이는 소심한 성격 때문인지 아이들이 묻는 이야기에 자신 있게 대답을 못 했어요. 작은 목소리로 웅얼웅얼, 대답도 애매모호(曖昧模糊)하게 하고 말았지요. 이런 일이 한두 번 반복되자 아이들의 관심이 점점 줄어들었어요. 결국 4일째 되는 날부터 소민이는 외톨이가 되고 말았지요.

소민이는 쉬는 시간이나 점심시간이면 아이들과 노는 대신 혼자서 책을 읽었어요. 소민이는 책을 읽는 시간이 가장 행복했어요.

사실 소민이는 자신을 드러내는 데 많이 서툴러요. 소민이는 친구한테 마음을 다 주었다고 생각하는데, 친구는 그렇지 않다고 생각하는 경우가 많았어요. 그렇다 보니 소민이는 친구보다는 책이 훨씬 편해졌지

애매모호하다
말이나 태도가 분명하지 않다.

요. 책은 소민이가 마음을 주는 대로 자신의 세계를 열어 보여 주었어요.

"오늘은 친구랑 좀 놀았니?"

엄마는 친구보다는 책이랑 더 친한 소민이를 늘 걱정했어요.

"그냥 뭐, 매일 똑같아."

소민이는 아무렇지도 않은 것처럼 대답했죠. 하지만 실은 소민이도 답답했어요.

엄마가 소민이를 사랑하는 건 '사랑한다'고 말하지 않아도 충분히 알 수 있어요. 말하지 않아도 전달되니까요.

친구들 가운데 소민이에게 마음을 주는 아이들이 누군지도 알 수 있어요. 그 아이랑 많은 이야기를 하거나 오래 놀지 않아도 그냥 느낌으로 말이에요. 그런데 아이들은 그렇지 않은 것 같아요. 소민이는 아이들에게 마음을 준다

고 하는데도 아이들은 늘 마음을 주지 않는다며 소민이를 싫어해요.

　소민이가 방으로 들어가 침대 위에 누워 책을 보고 있을 때였지요.

　핸드폰이 울렸어요. 짝꿍 은서였어요. 오늘 쉬는 시간에 전화번호를 알려 달라더니 전화를 했네요. 소민이는 은서와 공원에서 만났어요.

　"나, 실은 너를 처음 볼 때부터 친해지고 싶었어. 그런데 무슨 이야기를 해도 네가 별로 반응이 없으니까 네가 날 싫어하나 싶더라고. 그러다 결심했지. 그냥 너한테 친해지고 싶다고 말하기로."

　소민이는 깜짝 놀랐어요. 이런 은서의 마음을 전혀 몰랐거든요. 진심은 말하지 않아도 알 수 있다고 생각했는데, 그렇지 않은 경우도 있다는 걸 처음 알았어요. 표현하지 않으면 전해지지 않는 마음도 있다는 걸 깨달았지요.

　"고마워. 내가 마음을 표현하는 방법이 서툴러서 그랬어. 미안해. 우리 친하게 지내자."

　오늘은 소민이에게 친구가 생긴 특별한 날이에요.

예 오늘처럼 눈 오는 날엔 내가 마음 주었던 친구들이 생각난다.

> 관용구
>
> ## 말문이 막히다
> 당황하거나 놀라서 아무 말도 할 수 없다.

 엄마를 찾아주세요

마트에서 물건을 다 고르고 계산을 하려는데 엄마가 얼굴을 찌푸렸어요.

"에고, 생선을 안 샀네. 할머니가 꼭 사 오라고 하셨는데……. 다미야, 너 여기서 물건 좀 지키고 있어. 생선만 사 가지고 금방 올게."

여섯 살 다미는 고개를 끄덕거렸어요. 얼마 후, 다미의 얼굴이 노랗다가 하얘졌다가 발개졌어요. 갑자기 오줌이 마려웠던 거예요. 더 참지 못하고 물건을 그 자리에 둔 채 화장실을 갔어요. 다미는 시원하게 오줌을 누고 물건을 놓아둔 곳으로 돌아왔어요.

"어?"

다미는 울상을 지었어요. 물건이 바구니째 사라졌어요. 다미는 바구니를 찾으려고 종종걸음으로 진열대 사이를 살펴보았어요.

다미의 눈에 마트는 미로 같았어요. 어린이집 앞에 있는 공원만큼 넓었고, 천장까지 물건이 쌓인 진열장이 빽빽하게 들어차 있었어요.

얼마나 돌아다녔을까? 아무리 찾아도 바구니는 보이지 않았어요. 다리도 아프고 목도 말랐어요. 그제야 엄마 얼굴이 떠올랐어요. 다미는 울음을 터뜨렸어요. 그러자 사람들이 모여들었어요.

"꼬마야, 누구랑 왔니?"

다미는 말문이 막혀 대답할 수 없었어요. 두려워하는 눈빛으로 사람들을 흘깃거렸어요. 한 아줌마가 딱하다는 듯 말했어요.

"아이가 많이 놀랐나 보네. 얼른 미아 보호실로 데려가요."

마트 아저씨가 다미를 미아 보호실로 데려갔어요. 방송실에서 일하는 언니가 이름과 나이를 물었어요. 다미는 아무 말도 못 하고 눈물을 줄줄 흘렸어요. 언니가 친절하게 다시 물었지만 말문이 열리지 않았어요.

여섯 살쯤으로 보이는, 분홍 원피스를 입은 여자아이를 보호하고 있습니다.

언니가 방송을 하고 나서 한참 후 엄마가 다미를 찾아왔어요.

"엄마, 왜 지금 왔어?"

엄마는 다미를 꼭 껴안았어요. 다미는 아까보다 더 크게 엉엉 울었어요.

다미가 훌쩍거리며 물었어요. 그러자 방송실 언니가 웃으며 말했어요.

"말문이 열렸구나. 가끔 다미처럼 부모님을 잃어버리고 충격을 받아서 말을 못 하는 아이들이 있어요. 금방 찾으셔서 정말 다행이에요."

엄마는 고맙다고 여러 번 인사하고 밖으로 나왔어요.

언니는 엄마 손을 잡고 조잘조잘 떠드는 다미에게 손을 흔들었어요. 다미도 돌아서서 환히 웃으며 언니에게 손을 흔들어 주었어요.

예 나는 그 소식에 말문이 막히고 말았다.
비 할 말을 잊다

> **속담**
>
> ## 말 한마디에 천 냥 빚도 갚는다
> 말을 어떻게 하느냐에 따라 어려운 일도 쉽게 해결될 수 있다.

 ### 양반의 천 냥 빚

옛날 한 양반이 백정에게 천 냥 빚을 졌어요. 엎친 데 덮친 격으로 병까지 들어 방 안에 앓아누웠지요. 백정은 날마다 양반의 집으로 찾아와 돈을 갚으라고 귀찮게 굴었어요.

"왜 남의 돈을 안 갚는 게요? 그 돈을 모으느라 내가 잡은 소가 몇 마리인 줄 아시오?"

백정이 눈을 부릅뜨고 닦달하자 양반도 물러서지 않았어요.

"천한 놈이 감히 어디서 행패냐? 소 잡는 백정 주제에……."

양반은 말도 다 못하고 신음 소리를 내며 쓰러졌어요.

백정의 입꼬리가 씰룩거렸어요. 조선 시대에 백정은 천민 중의 천민이었어요. 그래서 보통사람들은 사람 취급도 하지 않았지요. 그러나 다 죽어가면서도 '백정, 백정' 하는 양반을 보자 화가 머리끝까지 치밀어 올랐어요. 백정은 양반 앞에 종이 한 장을 꺼냈어요.

"더 이상 못 참겠소. 이것 보시오. 이 계약서는 나리가 써 주신 것이오. 분명 돈을 갚지 못하면 볼기 백 대를 맞겠다고 하셨지요? 어서 관가로 가서 볼기를 까도록 하시오."

백정은 양반을 관가로 끌고 가려고 달려들었어요. 양반은 얼굴이 하얗게 질렸어요. 백 대가 아니라 열 대를 맞기도 전에 목숨이 끊어질 판이었어요.

"어서 일어나시오. 아니면 내가 관가로 끌고 갈 것이오. 양반 체면에 망신당하지 않으려면 순순히 따라가는 것이 좋을 게요."

"저 백정 놈이 감히……."

양반은 끝까지 백정을 멸시(蔑視)했어요. 백정은 양반의 멱살을 잡고 일으키려 했어요.

그때 양반의 아들이 깜짝 놀라 방 안으로 달려 들어왔어요.

아들을 보자 백정은 그만 움찔했어요. 아직 나이는 어리지만 눈빛이 또렷하고 몸이 다부져 보였어요. 다 죽어 가는 양반이야 겁날 것이 없지만 아들은 그렇지 않았어요. 괜히 관가에 갔다가 양반에게 행패를 부렸다고 자기가 혼이 날지도 모른다는 생각이 들었어요.

'오늘은 이쯤에서 그만 돌아가는 것이 좋겠어.'

백정은 양반을 슬그머니 놓아주고 서둘러 밖으로 나왔어요. 아들이 뒤따라 나왔어요.

'저 도령이 왜 따라 나오지?'

백정이 속으로 걱정하고 있을 때, 양반의 아들이 무릎을 꿇었어요.

"아저씨, 미안합니다."

뜻밖의 행동에 백정은 몸 둘 곳을 몰랐어요.

"도련님, 왜 이러세요? 어서 일어나세요."

"돈을 갚지 않은 것은 제 아버님의 잘못이니 용서해 주세요. 아버님이 진 빚은 제가 농사를 짓고 장사를 해서라도 꼭 갚겠습니다."

멸시하다
업신여기고 깔보다.

다부지다
굳세고 야무지다.

그 말을 듣고 백정의 얼어붙었던 마음이 풀렸어요. 그동안 양반에게 무시당할 때마다 차곡차곡 쌓였던 원망이 봄눈 녹듯 사라졌어요.

"에잇."

백정은 뒤도 돌아보지 않고 밖으로 쌩 나가 버렸어요. 그 후 백정은 두 번 다시 양반의 집에 찾아가지 않았답니다. 양반의 아들은 말 한마디로 천 냥 빚을 갚은 셈이지요.

예 년 무슨 말을 그런 식으로 하니? 말 한마디에 천 냥 빚도 갚는다는데……

> **속담**
>
> # 모르는 게 약이요 아는 게 병
>
> 아무것도 모르면 차라리 마음이 편하지만, 무엇이나 좀 알고 있으면 걱정거리가 많아 도리어 해롭다.

 내일을 볼 수 있다면

내일 일이 너무나도 궁금한 남자가 있었어. 내일은 무슨 일이 일어날까? 궁금해서 점을 쳐 보기도 했지만, 점이란 게 코에 걸면 코걸이, 귀에 걸면 귀걸이잖아. 맞는 것 같기도 하고 틀린 것 같기도 했지.

"아, 내가 내일 일을 알 수만 있다면 얼마나 좋을까?"

남자는 매일 이렇게 중얼거리며 다녔지.

그러다가 남자는 신기한 꿈을 꾸었어. 꿈에서 남자는 미래 일을 알려 준다는 예언가를 만났어.

"예언가님, 저도 당신처럼 미래를 볼 수 있는 축복을 받게 해 주십시오."

그러자 예언가는 물끄러미 그 남자를 바라보더니 이렇게 말했지.

"예언은 축복이 아니라 저주라네."

"어째서입니까? 미래 일을 알 수 있는데……."

"아무리 미래 일을 알면 뭐하는가? 앞으로 닥쳐 올 일을 피할 수가 없는데. 피할 수 있다면 그건 이미 예언이 아니지."

남자는 예언가의 말을 이해할 수가 없었어.

> **코에 걸면 코걸이, 귀에 걸면 귀걸이**
> 이렇게 보면 이게 맞는 것 같고, 저렇게 보면 저게 맞는 것 같다는 뜻.

"그래도 예언의 능력을 갖고 싶습니다."

그러자 예언가는 자신의 능력을 가져가라고 했단다. 남자는 새로운 능력을 얻게 되어 뛸 듯이 기뻤어. 맨 먼저 남자는 자신의 운명을 보기로 했단다. 자신이 어떻게 죽게 될 것인지 궁금했거든. 예언가가 했던 것처럼 남자는 정신을 모으고 자신의 마지막 모습을 보았지. 남자는 홀로 허겁지겁 밥을 먹고 있었어. 그런데 그만 밥이 목에 걸린 거야. 결국 숨이 막혀 켁켁거리다가 쓰러졌지.

자신의 모습을 본 남자는 식은땀을 흘렸어. 그때부터 남자는 괜히 밥 먹기가 겁이 났어. 한 숟갈도 먹을 수가 없었단다.

'이 밥을 먹다가 죽을 수도 있어!'

> **예지력**
> 어떤 일이 벌어지기 전에 그 일이 벌어질 것을 미리 아는 능력.

남자는 쫄쫄 굶었지. 그러다가 굶어 죽을 지경이었어. 그제야 남자는 허기를 참지 못하고 허겁지겁 밥을 먹기 시작했단다. 그러다가 밥이 목에 막혀 켁켁거리는데…….

남자는 벌떡 일어났어. 바로 꿈이었던 거야.

"모르는 게 약이요 아는 게 병이구나. 신께서 인간에게 예지력(豫知力)을 주지 않으신 이유를 이제야 알 것 같구나."

남자는 그때부터 더 이상 내일 일을 알려고 들지 않았어. 오직 오늘 하루를 열심히 살 뿐이었지. 남자는 아주 나이 들어서까지 건강하게 오래 살았대.

그런데 남자는 늘그막에 목에 큰 혹이 있었다네. 모두들 죽을 먹으라고 권했지만 남자는 무슨 이유에선지 굳이 밥을 먹고 싶다고 우기더니 결국 밥을 먹다가 죽었다고 해.

> 예 선생님! 모르는 게 약이요 아는 게 병이라는데, 성적 좀 늦게 알려 주시면 안 될까요?

목이 막히다

설움이 북받치다.

가난한 부부의 다짐

옛날 어느 마을에 가난한 부부가 살았어. 살다 보면 서러운 게 여럿 있지만, 배고픈 것만큼 서러운 게 없어. 하루는 이리 배를 곯고 있을 게 아니라 식량을 좀 꾸어야겠다 싶어 남편이 처가에 갔어.

처가에 가니 장인이 "어, 자네 왔는가?" 이러면서 찬밥을 한 상 차려 주는 거야. 아무리 급하게 차린 밥이라도 손님에게 찬밥이라니! 아니야. 배를 쫄쫄 곯고 있는 마당에 찬밥 더운밥 가릴 처지가 아니지. '참 고맙다' 이러며 한 숟갈 뜨려는데, 마침 그 집 큰사위가 왔네.

그런데 이게 웬일이람? 큰사위가 왔다는 소리를 들은 장인이 버선발로 뛰어나가는 거야. 큰사위는 아주 잘사는 부자거든.

"어서 오게나. 우리 사위. 사위는 백년손님이네!"

그러더니 하인에게 냉큼 닭을 잡으라는 거야. 자기도 그 집 사위인데 이 무슨 차별이야. 자기는 가난뱅이라서 찬밥을 주고 부자 사위는 닭을 잡아 주는구나 싶으니까 목이 막혀서 차마 찬밥이 목구멍으로 넘어가질 않더래. 그래서 온다 간다 말도 없이 처가를 나왔는데, 처가에서는 자기가 가는 줄도 모르는 거야.

집에 가서 부인에게 이 이야기를 하니 부인도 목이 막히는지 꺽꺽거리다가 결국 대성통곡을 하네. 한참을 부둥켜안고 꺼이꺼이 울던 부부는 서로 다짐을 했어.

"서방님, 우리 10년 동안 보리죽만 먹읍시다. 악착같이 돈을 모아 봅시다."

"그래요. 만약 내 손님이 오면 내가 밥을 굶고, 당신 손님이 오면 당신이 굶어 손님 대접을 합시다."

남편도 이리 굳게 약속을 했어.

그날부터 부부가 보리죽만 먹으면서 열심히 일했지. 그러니까 조금씩 살림이 불어나기 시작했어. 설이며 추석이 와도 부부는 보리죽만 먹었지. 이래저래 시간이 가니까 조금씩 불어나기 시작한 살림이 점점 더 커지는 거야.

부부는 결국 부자가 됐지. 하지만 10년이 되지 않았다면서 여전히 보리죽

만 먹었어.

부부가 부자가 되었다는 소문이 장인 귀에까지 들어갔어. 그날 사위를 그리 보낸 것이 영 마음에도 걸렸는데, 부자가 되었다니 한번 가 봐야겠다 싶었지. 딸네 집에 가 보니 집안 살림이 번듯번듯한 게 소문이 사실이었어.

그런데 오랜만에 아버지가 찾아왔는데도, 딸은 보리죽만 내놓네. 더구나 딸은 자기는 먼저 먹었다 그러면서 밖으로 나가. 장인이 가만 보니, 딸과 사위가 자기에게 꽁한 감정이 있어 보리죽을 주고, 자기네들은 밖에서 맛난 것을 먹나 보다 싶었지.

'내가 딸한테 이런 대접을 받는구나' 싶으니까 서러운 감정에 목이 막혔지. 이게 말이 퍼져서 이 부부가 아주 불효막심하다고 소문이 났어. 소문을 들은 부부는 억울해서 목이 막혔지만 어쩌겠어. 꾹꾹 눌러 참는 수밖에.

그리고 딱 10년이 되던 날, 부부는 떡도 하고 소도 잡고 해서 잔치 음식을 잔뜩 마련해 처가엘 갔지. "그땐 여차여차해서 보리죽을 대접했습니다"라고 사위가 설명을 했어.

그러니까 장인이 머쓱해서 하는 말이 "내가 일찍 왔기에 망정이지, 며칠 머물렀다면 내 딸이 굶어 죽을 뻔했구먼" 이러더란다.

예 동생이 잘못했는데도 내가 혼나니까 목이 막혀 왔다.

> ## 목이 빠지게 기다리다
> 몹시 애타게 기다리다.
>
> 관용구

 망부석이 된 여인

신라의 수도였던 경주에 가면 치술령이라는 작은 산이 있고, 그곳에는 망부석이 있어요. 망부석(望夫石)은 목이 빠지게 남편을 기다리는 바위라는 뜻이에요. 망부석의 주인공은 신라 눌지왕 때 삽량주(挿良州) 태수(太守)를 지낸 박제상의 아내 김씨 부인이랍니다. 큰 벼슬자리에 오른 이의 아내가 어쩌다 바위가 되었을까요? 지금부터 망부석 이야기를 들려줄게요.

신라는 백제를 견제하기 위해 고구려와 일본과 친하게 지내야 했어요. 그 대가로 눌지왕의 두 동생 중 복호는 고구려에, 미사흔은 일본에 볼모로 묶여 있게 되었어요.

동생들을 머나먼 나라에 보내 둔 눌지왕은 밥을 먹어도 맛이 없고 잠을 자도 편하지 않았어요. 왕의 근심을 알아차린 신하들은 두 왕자를 데려오기로 했어요. 누가 가면 좋을까 상의하고 있을 때, 박제상이 충성스럽고 성격이 올곧다는 의견이 많았어요.

신하들이 박제상에게 의견을 묻자, 기다렸다는 듯 자기가 가겠노라 나섰어요. 가족과 이별하고 고구려로 간 박제상은 장수왕을 설득하여 복호 왕자를 신라로 돌려보냈어요.

그러고는 내처 일본으로 떠났어요. 신라에는 편지를 보내 자기가 죄를 짓고 나라를 배반한 것처럼 소문을 내 달라고 부탁해 두었어요.

일본 왕을 만난 박제상은 신라 임금을 욕하고 헐뜯었어요.

삽량주
신라의 행정 구역 중 하나.

태수
한 지역을 맡아 다스리는 관리.

볼모
상대가 약속을 지키지 않을 수 없도록 잡아 둔 상대편 쪽 사람이나 물건.

"신라 임금은 어리석고 제멋대로입니다. 조만간 고구려나 백제에게 멸망하고 말 것입니다."

일본 왕은 박제상의 말을 믿을 수 없어서 신라로 첩자를 보냈어요. 신라에 다녀온 첩자는 박제상의 말이 모두 사실이라고 아뢰었어요. 일본 왕은 박제상을 믿고 극진하게 대접하고 벼슬도 주었어요.

얼마 후 박제상은 조용히 미사흔 왕자를 만났어요. 그리고 자신의 계획을 털어놓고 신라로 도망칠 방법을 가르쳐 주었어요.

미사흔이 신라로 떠난 것을 안 일본 왕은 박제상을 잡아들였어요. 모든 것이 박제상의 계획이었음이 밝혀지자 박제상을 모질게 고문했어요. 일본의 신하가 되라고 강요했지만, 박제상은 목숨을 걸고 끝까지 거부했답니다.

"나는 신라의 개돼지가 되더라도 일본의 신하는 되지 않겠소."

화가 난 일본 왕은 박제상의 목숨을 끊어 버렸어요.

한편 김씨 부인은 날마다 치술령으로 나갔어요. 비가 오나 눈이 오나 남편이 무사히 돌아오기를 두 손 모아 기도했지요. 박제상을 목이 빠지게 기다리던 김씨 부인은 치술령 바위 아래로 떨어져 스스로 목숨을 끊었어요.

전설에 따르면, 김씨 부인은 망부석이 되었고, 그 넋이 새가 되어 동해를 건너갔다고 해요. 일본으로 날아간 아내는 박제상의 영혼을 데리고 치술령으로 돌아와 산신이 되었답니다. 비록 죽은 후에라도 두 사람이 만났으니 다행이라 하겠지요.

> 예 어린이집에서 아이는 엄마가 오기를 목이 빠지게 기다린다.

믿는 도끼에 발등 찍힌다

잘될 거라고 믿었던 일이 틀어지다. 믿었던 사람에게 배신당하다.

 ## 쓸데없는 도끼 자랑

옛날 점식이라는 나무꾼이 친구들과 산속으로 나무를 하러 갔어요. 그 마을은 온통 산이라 논밭이 적고 점식이처럼 나무를 해서 먹고사는 사람들이 많았어요.

점식이는 친구들과 개울가에 앉아 점심을 먹었어요. 반찬이라고 해야 푹 삭은 김치, 된장, 고추장이 전부였지만 친구들과 모여 앉아 먹으니 꿀맛이었어요.

점심을 다 먹고 쉬고 있을 때 막둥이가 점식이의 도끼를 가리켰어요.

"자네, 도끼 새로 샀구먼. 윤이 반들반들 나는걸."

점식이는 새로 산 도끼를 자랑하고 싶었는데 마침 잘됐다고 생각했어요.

"역시 도끼는 무쇠로 만들어야 돼. 값은 보통 도끼보다 두 배나 비싸지만 그만한 값어치를 한다니까."

막둥이 곁에 앉은 복남이가 입을 삐죽거렸어요.

"솜씨 없는 목수가 연장 탓하는 법이지. 아무리 무쇠로 되었다고 해도 오랫동안 손에 익은 내 도끼만 할까?"

복남이의 말에 점식이는 약이 바짝 올랐어요.

"자네 말 한번 참 고약하게 하는군. 우리 누구 도끼가 더 쓸 만한지 내기해 볼까?"

"누가 겁낼 줄 알고? 얼른 내기를 시작하세나."

점식이와 복남이는 도끼를 들고 씩씩거렸어요. 막둥이가 두 친구를 말리며 말했어요.

"내게 좋은 방법이 있네."

점식이와 복남이는 동시에 막둥이를 쳐다보았어요.

"저 아름드리 박달나무를 먼저 쓰러뜨리는 쪽이 이기는 것으로 하세."

점식이와 복남이는 도끼를 들고 박달나무 앞으로 갔어요. 그리고 박달나무를 사이에 두고 서서 각각 반대쪽에서 도끼질을 하기로 했어요.

복남이가 먼저 도끼를 휘둘렀어요. 쿵 소리를 내며 도끼날이 박달나무에 박혔어요. 이번에는 점식이가 도끼로 박달나무를 쳤어요. 복남이의 도끼날보다 훨씬 더 깊이 박혔어요. 점식이는 승리의 미소를 지으며 도끼를 빼려고 했어요.

"어어, 왜 이러지?"

도끼날이 박달나무에서 빠지지 않았어요. 점식이는 도낏자루를 붙잡은 채 박달나무를 발로 밀고 차며 온갖 수선을 떨었어요. 아무리 용을 써도 도끼날은 꼼짝하지 않았어요. 복남이가 허허 웃으며 말했어요.

"박달나무가 도끼를 아주 잡아먹었구먼."

점식이는 도끼를 잡아 빼느라 땀을 뻘뻘 흘렸어요. 젖 먹던 힘을 다해 끙 소리를 내며 잡아당겼을 때였어요. 도끼가 아래로 뚝 떨어지더니, 그만 점식이의 발

수선
정신을 사납게 만드는 어수선한 말이나 행동.

등을 콕 찍었어요. 다행히 떨어지다가 가지에 부딪혀 상처가 깊지 않았어요.

복남이가 점식이를 업었어요. 막둥이는 친구들의 지게를 등에 지고 양팔에 걸었어요. 결국 세 친구는 나무도 못 하고 집으로 돌아올 수밖에 없었지요. 복남이가 혀를 차며 말했어요.

"쯧쯧, 자네 믿는 도끼에 발등 찍혔구먼."

예) 그 소문을 낸 사람이 가장 친한 친구인 진석이라니, 민수는 믿는 도끼에 발등 찍힌 기분이었어요.

밑 빠진 독에 물 붓기

아무리 애를 써도 보람 없는 일.

속담

 다시 읽는 콩쥐팥쥐 이야기

'콩쥐팥쥐'는 아주 유명한 우리 옛이야기예요. 콩쥐가 바로 밑 빠진 독에 물 붓기의 주인공이라는 것 알고 있나요?

콩쥐의 어머니가 세상을 떠난 후 새어머니가 팥쥐를 데리고 들어와 살게 되었어요. 새어머니는 자기 딸인 팥쥐만 예뻐하고 콩쥐는 구박했어요. 콩쥐에게는 보리밥과 3년 묵은 된장을 싸 주며 나무 호미로 자갈밭을 갈게 하고, 팥쥐에게는 하얀 쌀밥에 고기반찬을 싸 주며 쇠 호미로 모래밭을 갈게 했지요.

어느 날 새어머니는 건넛마을 잔칫집에 가게 되었어요. 팥쥐만 새 옷을 입혀 데려가고 콩쥐에게는 어려운 일을 잔뜩 시켰어요. 베를 다 짜고, 나락을 다 찧고, 물독을 가득 채워 놓은 후 잔칫집에 올 테면 오라고 했지요.

콩쥐가 훌쩍훌쩍 울고 있을 때, 하늘나라 선녀가 나타났어요.

"무슨 일로 슬피 우느냐?"

"잔칫집에 가려면 옷감을 다 짜야 하는데, 언제 저걸 다 짜겠어요."

"나는 하늘나라 직녀란다. 내가 짜 줄 테니 걱정 마라."

직녀는 눈 깜짝할 새 베를 짰어요. 그리고 잔칫집에 갈 때 입고 신으라고 비단옷과 꽃신을 주었지요.

고마운 마음에 어찌할 줄 모르던 콩쥐는 선녀가 돌아간 후 다시 막막해졌어요. 마당 가득 널어놓은 나락을 보니 또 서러움이 밀려왔지요. 그때 어디선가 참새들이 나타났어요.

콩쥐는 깜짝 놀라 소리쳤어요.

"참새들아, 배고파도 우리 집 나락을 먹지 마라. 제발 부탁이야."

참새들은 들은 체도 않고 나락을 콕콕 쪼아 댔어요. 콩쥐가 가만 보니, 참새들은 나락을 먹는 것이 아니라 껍질을 벗기고 있었어요. 잠시 후 나락은 누런 껍질이 모두 벗겨져 백옥 같은 쌀알로 바뀌었어요. 콩쥐는 참새들이 날아간 하늘을 바라보며 고맙다고 손을 흔들었어요.

마지막으로 물독을 채우는 일은 혼자 할 수 있을 것 같았어요. 그러나 아무리 길어다 부어도 독이 채워지지 않았어요.

"대체 얼마나 부어야 하는 거지? 부어 놓고 돌아서면 또 언제 그랬냐는 듯

텅 비어 있네."

콩쥐는 독을 들여다보고 깜짝 놀랐어요. 밑이 깨져 물을 붓는 대로 줄줄 새 나갔던 거예요.

콩쥐가 치마에 얼굴을 파묻고 울고 있을 때, 두꺼비 한 마리가 폴짝거리며 나타났어요. 두꺼비는 보란 듯이 콩쥐 앞을 지나 빈 독 안으로 들어갔어요. 콩쥐가 독을 들여다보니 두꺼비는 어서 물을 길어다 부으라는 듯 눈을 껌벅거렸어요. 두꺼비 덕분에 콩쥐는 밑 빠진 독에 물을 부어 가득 채울 수 있었어요.

"고맙다. 두꺼비야. 네가 아니었다면 선녀님의 도움도 참새들의 도움도 모두 허망(虛妄)한 일이 될 뻔했어. 정말 고맙다."

콩쥐는 선녀에게 받은 옷을 입고 꽃신을 신었어요. 그리고 잔칫집에 가서 맛있는 음식도 먹고 즐겁게 놀았답니다.

그 다음은 어떻게 되었냐고요? 재미있는 이야기가 많이 남았지만 워낙 길어서 여기에 다 쓸 수 없어요. 다만, 콩쥐는 복을 받고 팥쥐 모녀는 벌을 받았다는 것만 가르쳐 줄게요.

허망하다
어이없고 허무하다.

예 이렇게 눈이 오는데 창문을 활짝 열어 놓고 보일러를 트는 건 밑 빠진 독에 물 붓기잖아!

> 속담
>
> ### 바늘 도둑이 소도둑 된다
> 아무리 사소한 나쁜 짓도 계속되면 버릇이 들어 나중에 큰 죄를 저지르게 된다.

 잘못된 자식 사랑

옛날 한 홀어머니가 삯바느질로 아들을 키우며 살았어요. 아들은 귀엽고 똑똑하여 어머니의 사랑을 듬뿍 받았지요.

어느 날 어머니가 바느질을 하다가 바늘을 잃어버렸어요.

"저고리에 꽂아 둔 바늘이 어디 갔을까? 빨리 일을 마무리해야 하는데 큰일이네."

어머니가 걱정하는 것을 본 아들은 이웃집에 가서 바늘 하나를 훔쳐 왔어요. 어머니는 아들이 바늘을 찾아온 줄 알고 기특하다고 칭찬했어요.

며칠 후 어머니는 베개에 꽂아 둔 바늘을 찾고는 아들이 바늘을 훔쳐 왔다는 것을 알게 되었어요. 하지만 사랑하는 아들이 기죽을까 봐 야단치지 않았어요.

세월이 흘러 아들은 열 살이 되었어요. 엄마는 툇마루에 앉아 바느질을 하다가 이웃집 감나무를 보며 혼잣말을 했어요.

"달콤한 홍시 하나만 먹으면 좋겠네."

어머니 말이 떨어지자마자 아들은 슬금슬금 이웃집으로 갔어요. 잘 익은 홍시 하나를 따다가 어머니

마무리하다
일을 끝맺다.

앞에 내밀었어요. 어머니는 아들이 감을 몰래 따 왔다는 것을 알면서도 크게 기뻐하며 아들을 칭찬했어요.

"내 새끼가 효자로구나."

아들은 어머니의 칭찬을 듣자 행복했어요. 어머니를 기쁘게 하기 위해 마을을 돌아다니며 간장, 된장, 쌀, 돈, 미역 등을 닥치는 대로 훔쳐 왔어요. 살림이 넉넉지 않아 매일 끼니를 걱정하던 어머니는 아들을 크게 꾸짖지 않았어요.

어머니는 어지간한 것으로 더 이상 기뻐하지 않았어요. 아들의 도둑질은 점점 손이 커졌어요. 뭔가 더 큰 것을 훔치기로 마음먹었어요.

산 너머 이웃 마을로 가서 훔칠 것이 없나 살피는데 황소가 눈에 띄었어요. 아들은 한밤중에 몰래 들어가

어지간하다
크게 튀지 않는다.
웬만하다.
크게 나쁘지 않다.

황소 고삐를 잡고 집으로 돌아왔어요.

이튿날 관가에서 군졸들이 아들을 찾아왔어요. 그리고 오랏줄로 꽁꽁 묶어 데려가려고 했어요. 어머니는 군사들을 붙잡고 늘어졌어요.

"무슨 일이에요? 제 아들이 무슨 죄를 저질렀다고 이러세요?"

군졸들이 어머니의 손을 사납게 뿌리쳤어요.

"댁의 아들이 이웃 마을에서 황소를 훔쳤소."

어머니는 아들을 다그쳤어요.

"정말 남의 집 황소를 훔쳤느냐? 도대체 왜 그런 짓을 했어? 도둑질이 얼마나 나쁜 짓인지 몰랐단 말이냐?"

어머니의 말에 아들은 퉁명스럽게 대답했어요.

"제가 처음 바늘을 훔쳐 왔을 때 말씀해 주시지 그랬어요."

어머니는 힘없이 자리에 주저앉았어요. 아들을 도둑이 될 때까지 잠자코 지켜보았던 게 누구였던가. 뒤늦게 땅을 치며 후회했지만 소용없는 일이었어요.

> 예 아빠가 어렸을 때 친구들이랑 복숭아 서리를 하면 할머니께서 '바늘 도둑이 소도둑 된다'며 무척 혼내셨어.

> **발 없는 말이 천 리 간다** 속담
> 말은 비록 발이 없지만 천 리 밖까지도 순식간에 퍼지니 입조심할 필요가 있다.

 다들 어떻게 알았지

"너, 너희 반 유리라는 애랑 사귄다면서?"

"응? 누가 그래?"

영어 학원에 간 윤석이는 친구 철민이의 말에 깜짝 놀랐어요. 철민이는 같은 학원 친구이긴 하지만 학교도 다르고, 사는 동네도 다르거든요.

무엇보다 유리랑 사귀기로 한 지는 이제 겨우 이틀밖에 안 됐어요. 이틀 만에 다른 학교 아이에게까지 소문이 퍼졌다면 학교에선 소문이 파다해졌다는 뜻일 거예요.

"너희 학교 아이들, 여기 많이 다니잖아. 걔, 정말 예쁘다던데……. 부럽다!"

철민이는 씩 웃으며 말했어요.

윤석이가 유리랑 사귀기로 한 사실을 아는 건 딱 두 명뿐이에요. 유치원

때부터 삼총사라 불리던 친구들이지요. 그 친구들이 소문을 냈을 것 같지는 않아요. 비밀이라고 분명히 말해 두었거든요.

유리가 소문을 냈을 것 같지도 않아요. 유리는 워낙 조용한 아이고, 유리의 친구들도 다 조용하니까요.

세상에! 발 없는 말이 천 리를 간다더니 정말 순식간에 소문이 퍼져 나가고 만 것 같아요.

윤석이는 수업을 어떻게 마쳤는지도 모른 채, 집으로 돌아왔지요.

"다녀왔습니다."

윤석이는 기운 빠진 목소리로 인사를 했어요.

"어서 와라. 그런데 왜 이렇게 기운이 없어? 예쁜 여자 친구도 생겼다는 아이가."

윤석이는 눈이 동그래졌어요.

"어, 어떻게 알았어?"

"발 없는 말이 천 리 간다는 말 몰라?"

윤석이가 '발 없는 말이 천 리 간다'는 말을 몰랐던 건 아니지만, 실제로 겪어 보니 실감하지 않을 수 없었어요.

"엄마는 누구한테 들었어?"

"아들! 그건 별로 중요하지 않은 것 같은데?"

"유리가 소문 때문에 힘들어할까 봐 그러지."

"오호, 유리가 걱정되기 때문이라……. 멋진걸?"

"놀리듯이 그러지 말라고."

윤석이는 짜증을 내듯 말하며 방문을 쾅 닫고 들어가 침대에 벌렁 드러누웠어요. 윤석이는 곰곰 생각해 봤어요. 도대체 어디서 소문이 퍼져 나갔을까요?

"어떡하지? 유리한테 전화해 봐야 하나?"

윤석이는 전화기를 만지작거리며 혼잣말을 했어요. 그러다 삼총사 친구들에게 먼저 연락해 보기로 했지요. 유리랑 이야기하기 전에 상황을 좀 더 자세히 알아보려고 말이에요. 그래야 유리하고 이야기하기도 훨씬 편할 것 같아요.

또 무엇보다 발 없는 말이 어떻게 천 리를 가게 되는지, 그 과정이라도 추적해 보고 싶어졌어요.

> 예 발 없는 말이 천 리 간다는 말에 준석이는 입을 굳게 다물었어요.

발이 떨어지지 않다

마음이 놓이지 않아 선뜻 자리를 떠날 수가 없다.

 **사고 싶은 게 서로 달라**

오늘은 즐거운 일요일. 일주일에 한 번씩 온 가족이 마트로 쇼핑을 가는 날이에요.

동민이는 마음이 설렜어요. 며칠 뒤면 어린이날이에요. 평소엔 꼭 필요한 물건이 아니면 사지 못하게 하는 엄마지만 오늘은 어린이날 선물을 미리 사 줄지도 몰라요. 그런 기대를 하는 건 유치원생인 여동생 소민이도 마찬가지일 거예요.

마트에 도착했어요.

상하기 쉬운 음식물은 나중에 사기로 하고 마트를 한 바퀴 돌며 필요한 물건을 살피기로 했지요. 어린이날이 얼마 남지 않아서인지 장난감 코너엔 사람들이 바글바글해요. 하지만 처음부터 그쪽으로 갈 순 없었죠. 어차피 한 바퀴 쭉 둘러보는 동안 가게 될 테니 잠시 참기로 했어요.

"어머, 이 그릇 정말 예쁘다."

그릇 코너를 지나던 엄마가 감탄했어요.

"응. 예쁘네."

아빠는 엄마 말에 맞장구치듯 말했지요. 하지만 말만 그렇게 할 뿐, 아빠

눈은 자동차용품 코너로 가 있었어요.

엄마는 그릇이 마음에 드는지 계속 그 그릇만 만지작만지작했어요.

"사지 않을 거면 빨리 다른 곳을 둘러보지."

아빠가 말했지만 엄마는 여전히 그릇 앞에서 머뭇머뭇했어요. 차마 발이 떨어지지 않는 것 같았어요.

자동차용품 코너에 간 아빠는 열심히 뭔가를 골랐어요. 하지만 자동차용품에 관심이 없는 다른 식구들은 지루하기 짝이 없었지요.

"아빠, 뭐 사실 거예요?"

"응? 그냥. 그냥 한번 보는 거야."

동민이는 마음이 급한데 아빠는 자동차용품 코너에서 발이 떨어지지 않는지 계속 뭔가를 손에 들었다 놨다 하고만 있었어요.

한참이 지난 뒤에야 겨우 아빠 손을 이끌고 장난감 코너에 다다를 수 있었어요. 역시 어린이날은 뭔가 달라도 다른 것 같았어요. 평소엔 보지 못하던 장난감이 매장에 가득했어요.

동민이는 갖고 싶은 장난감이 있었어요. 무선으로 조종하는 자동차였어요. 친구들 가운데 몇몇이 갖고 있는 걸 봤는데 너무 부러웠어요. 가격이 비싸지만 않았다면 벌써 엄마 아빠한테 졸라 봤을 거예요.

"와, 이 자동차 정말 멋지다!"

동민이가 무선 자동차를 만지작거리자 아빠도 동민이 옆에서 관심 있게 바라봤어요. 하지만 엄마는 소민이가 이끄는 대로 인형이 있는 곳에 가 있었어요.

얼핏 보니 소민이가 인형을 사 달라고 조르는 눈치예요. 하지만 엄마의 표정은 단호했어요. 결국 소민이는 발이 떨어지지 않는 듯 인형들을 뒤돌아보

며 엄마 손에 이끌려 동민이가 있는 곳으로 돌아왔어요. 동민이도 결국 소민이처럼 무선 자동차가 있는 곳에서 떨어지지 않는 발을 옮겨야 했지요.

그래도 동민이는 혹시나 하는 기대를 해요. 이렇듯 아쉬워하는 걸 봤으니 엄마 아빠도 동민이가 뭘 갖고 싶은지 눈치챘을 거라고 말이에요.

> 예) 매일 아침, 사랑스러운 딸을 어린이집에 맡기고 출근할 때마다 엄마 아빠는 발이 떨어지지 않았어요.

방귀 뀐 놈이 성낸다

속담

자기가 잘못하고 오히려 남에게 성내다.

 ### 이야기 잔치의 방귀쟁이

옛날 시골에서는 가을걷이를 하고 나면 한가해졌어요. 농부들은 마을 사랑방에 모여 앉아 새끼를 꼬거나 가마니를 짜며 시간을 보냈지요. 그리고 어른들에게 들은 옛이야기, 떠돌이 나그네가 물어다 준 이런저런 세상 이야기를 나누기도 했답니다.

눈 내리는 겨울밤, 막동이네 사랑방은 왁자지껄했어요. 어린아이부터 할아버지까지 마을 사람들이 모여 한바탕 이야기 잔치가 벌어졌어요. 군불을 많이 때서 방 안이 후끈했어요. 방 한가운데에는 화롯불에 묻어 둔 고구마가 지글지글 익어 갔어요.

오늘 이야기의 주인공은 김 서방 아저씨였어요. 김 서방 아저씨는 이야기를 구수하게 잘해서 인기가 아주 많았어요. 똑같은 이야기도 아저씨의 입을 통해 나오면 훨씬 재미있고 더 큰 감동을 주었어요. 아이들도 김 서방 아저씨의 이야기를 들으려고 눈을 비비며 기다렸고, 깜박 잠든 아이들은 이튿날 아저씨의 꽁무니를 따라다니며 이야기를 해 달라고 졸랐어요.

"그래서 그 부자가 말이여, 밤마다 자기 전에 나와서 집 안팎을 휘휘 둘러보고 잔단 말이여. 대문은 잘 잠갔나, 곳간 문은 닫혀 있나 꼭 확인을 하고 잤

단 말이여."

명식이 아버지가 불쑥 끼어들어 한 마디 했어요.

"거 아주 성격이 찬찬한 사람이구먼."

명식이 아버지 때문에 이야기의 흐름이 끊어지자, 다른 사람들이 조용하라고 야단을 쳤어요. 김 서방 아저씨가 다시 이야기를 시작하려고 할 때였어요. 뽀옹. 어디선가 방귀 소리가 들렸어요.

"에이, 구리다, 구려."

"저녁에 뭘 먹었길래 구렁이 썩는 냄새가 난다냐?"

"누가 좁은 방 안에서 방귀를 뀌남? 누구여, 누구?"

서로 목소리를 높일 뿐 손을 드는 사람은 없었어요. 사람들이 조용해지자 김 서방 아저씨는 이야기를 다시 이어 나갔어요.

한참 맛깔나게 이야기를 엮어 가고 있는데 아까보다 더 독한 방귀 냄새가 방 안 가득 퍼졌어요. 김 서방 아저씨가 참지 못하고 화를 냈어요.

"이번에는 또 누구여?"

다들 잠잠했어요. 그때 칠복이가 기지개를 하다가 옆에 앉은 희동이의 어깨를 툭 건드렸어요. 희동이는 마을에서 깔끔하기로 유명한 총각이었어요. 갑자기 희동이가 소리 질렀어요.

"나 아니란 말이여."

사람들이 모두 희동이를 쳐다보았어요. 희동이는 불그레한 얼굴로 억울하다는 듯 중얼거렸어요.

"아까 것은 내가 맞는디, 지금 것은 아니여."

칠복이가 허허 웃으며 물었어요.

"방귀 뀐 놈이 성낸다고, 그럼 아까는 왜 손 안 들었냐? 이런 천하의 방귀쟁이야."

칠복이의 말에 사람들은 와 웃음을 터뜨렸어요. 이야기판은 엉망이 되었지만, 사람들은 모두 웃으며 집으로 돌아갔어요. 그리고 그다음부터 희동이를 볼 때마다 방귀쟁이라고 불렀답니다.

㉮ 방귀 뀐 놈이 성낸다고, 내 지우개 잃어버려 놓고 왜 빌려준 나한테 화를 내?
㉯ 도둑이 매를 든다

> **배꼽을 쥐다(잡다)** `관용구`
> 웃느라 배를 움켜잡다.

 사랑스러운 재롱 잔치

"형아, 내가 재미있는 노래 가르쳐 줄게."

민찬이가 학교에서 돌아오자마자 동생 성찬이가 신이 나서 말했어요. 성찬이는 유치원에서 뭔가 재미있는 걸 알게 되면 꼭 민찬이한테 알려 주려고 해요.

"형아, 노래가 어떤 내용이냐면 개구리 배꼽에 털 하나가 있는 걸 뽑았더니 개구리가 죽었대. 그래서 묻어 줬는데 다시 살았대. 재밌지?"

민찬이는 성찬이의 말에 어이가 없었어요.

"에, 그게 뭐야?"

"재미없어? 이상하다······."

성찬이는 민찬이 반응이 서운했던지 풀 죽은 얼굴로 돌아섰어요. 성찬이의 그런 모습을 보니 민찬이는 마음이 영 좋지 않았어요.

하지만 민찬이는 성찬이 일은 곧 잊어버렸어요. 친구들이랑 놀기로 약속해서 곧 밖으로 나갔거든요. 민찬이는 한참을 논 뒤, 저녁 식사 시간이 다 되어서야 집으로 돌아왔어요.

집에 돌아오니 엄마는 부엌에서 저녁 준비를 열심히 하고 있었고, 성찬이는 식탁 앞에서 뭔가 손짓 발짓을 열심히 하고 있었어요. 아마 유치원에서 배운 율동을 연습하고 있는 걸 거예요.

저녁을 다 먹고 온 가족이 둘러앉아 텔레비전을 볼 때였어요.

"내가 재미있는 거 보여 줄게."

갑자기 성찬이가 자리에서 일어나더니 가족들을 마주 보고 섰어요.

"그래, 우리 성찬이가 하는 것 좀 볼까?"

엄마 아빠는 기대에 찬 눈빛으로 성찬이를 바라보았어요.

성찬이가 노래와 율동을 시작했어요.

> 깊은 산 옹달샘에 아주 귀엽고 잘생긴 개구리 한 마리가 살고 있었어요
> 깊은 산 옹달샘 개구리
> 개구리 어디가 가장 멋있냐고 물었더니
> 배꼽이 가장 잘생겼다고 했답니다
> 깊은 산 옹달샘 개구리에 배꼽
> 그런데 배꼽을 자세히 보니 배꼽에 털 하나가 송! 나와 있네요

성찬이는 아주 진지하게 노래와 율동을 했어요. 아까 식탁에서 뭔가 열심히 하고 있더니 이 노래 율동을 연습하고 있었나 봐요.

가만 보니 아까 민찬이가 학교에 갔다 왔을 때 성찬이가 들려줬던 이야기가 바로 이 노래 가사였어요.

민찬이는 웃음이 새어 나왔어요. 성찬이는 민찬이가 웃는 걸 보자 신이 나서 더 열심히 하기 시작했어요. 엄마도 아빠도 웃기 시작하더니 나중엔 다들 배꼽을 쥐며 웃었어요.

"재밌지? 선생님 말씀이 개구리가 배꼽이 없는 건 너무 웃다가 배꼽이 빠져서래. 그러니까 배꼽 조심해. 알았지?"

엉뚱한 성찬이의 말에 엄마 아빠 그리고 민찬이는 또다시 배꼽을 잡고 웃었답니다.

예 그 코미디 프로그램은 볼 때마다 배꼽을 잡게 만들어.

백지장도 맞들면 낫다

쉬운 일이라도 여럿이 힘을 모아서 하면 훨씬 쉽다.

 ## 마법 스프

어느 시골 마을에 흉년이 들었어요. 먹을 것이 귀하다 보니 인심도 사나워졌지요. 그 마을에 한 나그네가 찾아왔어요. 나그네는 배가 몹시도 고팠답니다. 하지만 마을 사람들은 먹을 게 하나도 없다면서 나그네를 본체만체했답니다. 그나마 마을의 한 아이가 나그네에게 친절하게 말했어요.

"우리도 제대로 된 음식을 먹어 본 지가 오래되었어요. 아저씨에게 대접할 음식이 없어서 그래요."

나그네는 아이에게 말했답니다.

"내게는 세상에서 가장 맛있는 스프를 만드는 마법의 나무껍질이 있단다. 큰 냄비와 물을 내게 빌려주면, 그 스프를 이 동네 사람들에게 만들어 줄 수 있는데."

그러자 아이는 나그네를 집으로 데리고 가 큰 냄비와 물을 주었어요. 세상에서 가장 맛있는 마법 수프를 끓여 준다는 말을 듣고는 동네 사람들이 모여들었답니다. 나그네는 물이 팔팔 끓어오르자 호주머니에서 꺼낸 나무껍질을 냄비에 넣고 휘저었어요.

"아, 소금이 있다면 더 맛있을 텐데."

그러자 아이의 엄마가 소금을 가져왔어요.

"고마워요. 음, 여기에 감자가 조금 들어간다면 더 맛있는 스프가 될 텐데 아쉽군요."

그러자 한 사람이 "감자라면 우리 집에 조금 있어요"라며 감자를 가지고 왔어요. 그런 식으로 어떤 사람은 양파를, 어떤 사람은 파를 가져 오기도 했지요. 또 어떤 사람은 근사한 식탁보를 가지고 와서 식탁을 멋지게 장식했지요.

드디어 나그네가 끓인 마법 스프가 예쁜 접시에 담겨 마을 사람들 앞에 놓이게 되었어요.

"정말 맛있는 스프야. 세상에서 가장 맛있다는 말이 딱 맞아."

스프를 먹은 마을 사람들은 감탄했지요. 물론 나그네도 스프를 아주 맛있게 잘 먹었어요.

"이보시오, 나그네, 그 마법의 나무껍질을 우리에게도 좀 나눠 줄 수 있겠소?"

마을 사람들은 마법의 나무껍질 때문에 스프가 맛있다고 생각했어요.

그러자 나그네는 빙긋 웃었답니다.

"그 나무껍질은 여러분의 마을 어디에서나 구할 수 있는 평범한 나무껍질이랍니다. 이 스프가 맛있는 건 여러분들이 조금씩 가져온 양파와 감자, 파 때문이지요. 옛말에 백지장도 맞들면 낫다는 말이 있지요. 가볍디가벼운 하얀 종이도 같이 들면 훨씬 쉬운 법인데, 여러분께서는 흉년이라는 이 어려운 시기를 어째서 혼자 힘으로 이겨 내려고 하십니까?"

나그네의 말을 듣고 마을 사람들은 고개를 끄덕였지요. 나그네는 고향으로 떠났지만, 마을 사람들은 그 후로 서로 도와 가며 잘 살았다고 합니다. 백지장을 함께 드는 마음으로 농사일도 함께하니, 그다음 해 농사는 큰 풍년이었답니다.

예 백지장도 맞들면 낫다잖아. 혼자 끙끙 고민하지 마.

> ### 비 온 뒤에 땅이 굳어진다
> 시련을 겪은 뒤에 더 강해진다.
>
> 속담

 ## 힘든 일 뒤엔 기쁜 일

"비 온 뒤에 땅이 굳어진다더니, 정말 잘됐어."

"정말 그렇지? 그렇게 힘든 일을 많이 겪었는데 말이야. 애가 아주 딴딴해진 것 같아."

"누구 이야기야?"

엄마 아빠 이야기에 정윤이가 끼어들었어요.

"응. 아마 넌 잘 모를 거야. 아빠 살던 시골에 민석이란 애가 있는데 말이야……."

아빠가 들려주는 이야기는 이랬어요.

민석이 오빠는 초등학교 때까지는 평탄하게 잘 자랐대요. 그런데 중학교 때 엄마 아빠가 이혼하면서 무척 힘들어 했대요. 성적은 곤두박질치고, 걸핏하면 반항을 하고, 때로는 폭력을 쓰기도 했고요. 고등학교 때는 아버지가 사업에 실패하면서 상황이 더 심각해졌대요. 가출하기도 여러 번, 주위에서는 민석이 오빠를 내놓은 자식으로 여기는 사람들도 많았다나 봐요. 그나마 민석이 오빠를 믿어 준 건 할머니 정도였다나요?

원래 민석이 오빠는 그런 일이 있기 전까지 동네에서 똑똑하기로 소문이 났었기에 아빠는 민석이 오빠가 무척이나 안타까웠대요. 그런데 그 오빠가 군대를 갔다 오고 난 뒤에 완전히 바뀌었다나요?

집안일도 도맡아 하고, 어른들한테도 깍듯하고, 무엇보다 다시 공부를 시작했다고 해요. 그러더니 2년 만에 대학에 붙었대요. 그것도 장학생으로 말이에요.

정윤이는 민석이 오빠가 겪었을 어려움을 상상하기조차 어려웠어요. 정말 힘들었을 텐데 단단하게 다시 일어섰다니, 정말 다행이다 싶었어요.

"그런데 아빠, 비가 오면 진짜로 땅이 굳어져요?"

정윤이는 갑자기 엉뚱한 호기심이 일었어요.

"비가 오면 땅이 물에 젖어서 흐물흐물해지는 거 아니에요?"

"땅이 젖었을 땐 그렇지. 그런데 비가 그치고 난 뒤에는 젖은 흙이 마르면서 땅이 더 단단해진단다. 너, 찰흙이 마르면 어떻게 되는지 알지?"

"네. 돌처럼 단단해져요."

"그래. 비가 오면 흙탕물이 되잖아. 비는 흙 속에 있던 작은 입자들이 큰 입자들 사이로 파고들 수 있게 해 주거든. 그러면 비가 그치고 난 뒤 땅이 더 단

단해지며 굳는 거지. 농부들이 쟁기질을 하는 건 이렇게 굳어진 땅을 다시 부드럽게 만드는 거고 말이야."

그냥 단순한 호기심에서 물어봤는데 아빠가 너무 자세히 알려 주니 정윤이는 머리가 아파 오기 시작했어요.

"하하, 정윤이가 머리 아파하는 게 눈에 보이는걸? 그래도 참고 견디거라. 비 온 뒤에 땅이 굳어지듯, 오늘 이 이야기가 나중에 너한테 확실한 도움이 될 테니까 말이다."

"네, 네. 알았습니다."

정말 아빠는 당해 낼 수가 없다니까요.

> 예 그 선수는 많은 좌절을 맛보았지만, 비 온 뒤에 땅이 굳어지는 것처럼 마침내 선발 투수가 될 수 있었습니다.

빈 수레가 요란하다 속담

실제로는 보잘것없는 사람이 아는 체, 있는 체, 잘난 체를 하느라 떠든다.

 ## 배불뚝이의 허세

두 장사꾼 친구가 오랜만에 만났어요. 하나는 키가 커서 꺽다리, 다른 하나는 배가 나왔다고 배불뚝이라고 불렀어요. 배불뚝이가 꺽다리를 보고 말했어요.

"오랜만에 만났으니 나루터 주막에 들어가서 국밥에 막걸리라도 한잔 하세. 내가 사지."

배불뚝이가 호기롭게 앞장서고 꺽다리가 뒤따라 들어갔어요. 두 사람은 뜨끈한 국밥에 막걸리를 기분 좋게 마셨어요.

시간이 한 시간쯤 흘렀을까, 더 나눌 이야기도 없고 자리에서 일어날 때가 되었는데 배불뚝이는 밥값 치를 생각을 하지 않았어요. 일부러 눈치를 슬슬 보며 꺽다리의 주머니가 열리기를 기다리는 것이 분명했어요. 사람 좋은 꺽다리는 속으로 웃으며 주인을 불러 셈을 치렀어요. 배불뚝이는 이를 쑤시며 마음에도 없는 빈말을 했어요.

"왜 자네가 먼저 내고 그러나? 이번에는 내가 한턱 내려고 했는데."

"우리 사이에 누가 내면 어떤가?"

꺽다리와 배불뚝이는 주막 마당에 묶어 놓은 수레를 풀었어요. 수레는 둘

다 가마니에 덮여 있었어요. 물건이 가득 찬 꺽다리 수레는 조용했고, 텅 빈 배불뚝이 수레는 요란했어요.

두 사람은 장터에서 또 다른 친구인 왕발이를 만났어요. 왕발이는 발이 다른 사람보다 절반이나 커서 붙은 별명이에요. 왕발이가 꺽다리에게 물었어요.

"자네 수레는 무거워 보이는걸. 도대체 무엇이 들었나?"

"별것 없네. 산에서 해 온 장작하고 나물 몇 가지 들었어."

수레를 덮은 가마니를 걷자 장작이 나왔어요. 장작 위에는 누런 종이로 싼 무엇인가가 들어 있었어요. 종이 안을 살짝 들여다본 왕발이는 깜짝 놀랐어요.

"이거 산삼 아닌가?"

꺽다리는 겸손하게 말했어요.

"운이 좋았어. 이따가 술 한잔 사겠네."

이번에는 왕발이가 배불뚝이에게 물었어요.

"소리가 요란한 걸 보니, 자네 수레는 텅 비었군. 뭐가 들기는 했나?"

산삼을 캤다는 말에 배가 아픈데 수레가 비었다는 말까지 듣자, 배불뚝이는 화가 치밀어 오르고 자존심도 상했어요. 갑자기 목소리를 낮추고 조용히 말했어요.

"내 수레엔 보물이 들었네. 원래 귀하고 값진 보물일수록 작지. 그래서 수레가 텅 빈 것처럼 보이는 게지."

그 말을 들은 왕발이는 한번 구경이나 해 보자며 가마니를 들추려 했어요. 배불뚝이는 한사코 수레 앞을 가로막았어요. 그렇다고 물러설 왕발이가 아니었어요. 배불뚝이를 밀어 내고 가마니를 슬쩍 거뒀어요. 수레 안에 들어 있는 것이라곤 달랑 열무 두 단이 전부였어요.

왕발이는 장터가 떠내려가게 큰 소리로 웃었어요.

"사람이나 수레나 똑같군. 빈 수레가 요란하단 말이 딱 맞아."

배불뚝이는 얼굴이 벌게져서 빈 수레를 끌고 허둥지둥 자리를 뜨고 말았어요.

예) 영어를 잘 못하면서 어설프게 잘난 척만 하는, 빈 수레처럼 요란한 사람이었어.
비) 속이 빈 깡통이 소리만 요란하다

> **서당 개 3년에 풍월을 읊는다** 〔속담〕
> 어떤 분야에 대하여 지식과 경험이 전혀 없는 사람이라도 그 주변에 머물다 보면 얼마간의 지식과 경험을 자연스럽게 익히게 된다.

 구구단은 너무 어려워

"7×8은……. 아휴, 머리 아파!"

찬영이는 요즘 한창 구구단을 외우고 있는 중이에요. 근데 구구단을 외우기가 쉽지 않아요. 5단까지는 쉬웠는데 6단부터는 자꾸 헷갈려요.

그래서 찬영이는 구구단을 외울 때 머릿속으로 빠르게 더해 가 보았어요. 곱셈은 같은 숫자를 반복해서 더하는 것과 같으니까요. 7단을 외울 때는 차례로 7씩 더하곤 했어요. 엄마가 구구단을 외웠는지 확인할 때면 이 방법으로 위기를 모면한 적이 벌써 여러 번이에요.

하지만 문제가 생겼어요. 엄마가 구구단 확인하는 방법을 바꿨거든요.

"7×8은 몇이지?"

"6×9는 몇이지?"

이런 식으로 불쑥 문제를 내기 시작했어요. 이럴 땐 예전처럼 더해 나갈 수가 없어요. 바로바로 대답해야 하는데, 더해 나가는 방법은 시간이 너무 오래 걸리니까요.

결국 찬영이는 시작한 지 한 달이 넘도록 구구단을 완벽하게 외우질 못했지요.

오늘도 찬영이는 집에서 소리 내어 구구단을 외우고 있었어요. 입은 구구단을 외우고 있지만, 머릿속은 아무 생각도 없었어요. 그냥 외워야 하니까 외우는 시늉이라도 한다는 마음이었던 거지요.

그런데 정신을 차려 보니 이제 유치원에 다니는 동생 찬미가 구구단을 따라서 외우고 있었어요. 찬영이는 외우던 걸 멈추고 찬미가 외우는 걸 가만히 들어 봤어요.

"칠일은 칠, 칠이 십사, 칠삼 이십일…… 칠팔에 오십육, 칠구 육십삼!"

세상에! 찬영이도 헷갈려 하는 7단을 처음부터 끝까지 제대로 외우고 있었어요. 서당 개 3년에 풍월을 읊는다더니 그 말이 사실인가 봐요. 날마다 찬영이가 구구단을 외우는 걸 보고 듣더니 구구단을 다 외웠나 봐요.

"찬미야, 너 그거 어떻게 외웠어?"

"그냥 외웠어. 오빠가 하는 게 재밌어서 따라하니까 그냥 외워졌어."

찬영이는 고개를 갸웃했습니다. 찬영이는 원리를 따져 가면서 열심히 외워도 잘 안 외워지는데, 찬미는 그냥도 이렇게 쉽게 외운다는 게 이해되지 않았어요.

찬영이는 유치원 다니는 동생이 구구단을 다 외웠다는 게 자존심이 상하긴 하지만 엄마한테 솔직히 고백하고 이유를 물어보기로 했어요.

"너, 걸을 때 다리는 어떻게 하고, 팔은 어떻게 하고 생각하면서 걷지 않잖아. 아마 팔다리를 어떻게 해야 할지 생각하면서 걸으면 걷는 게 쉽지 않을 걸! 찬미가 구구단이 뭔지는 몰라도 쉽게 외운 것도 그래서일 거야. 서당 개 3년이면 풍월을 읊을 수 있는 것도 그래서이고. 엄마는 이것도 괜찮은 것 같아. 뜻은 나중에 알 수도 있으니까 말이야."

엄마 말에 찬영이 고개가 절로 끄덕여졌습니다.

예) 서당 개 3년에 풍월을 읊는다잖아. 포기하지 말고 계속 밀고 나가 봐.

설 자리를(땅을) 잃다
존재 기반이 없어지다.

 ## 그 많던 문방구는 어디로 갔을까

"필통을 또 잃어버렸다고?"

하연이는 엄마의 꾸중에 할 말이 없었어요. 지난번에 필통을 잃어버리고 새로 산 지 겨우 석 달밖에 안 지났거든요.

"내가 못살아. 제발 물건 좀 잘 간수해. 필통 하나 사러 또 차 타고 나가야 하잖아."

엄마는 하연이가 물건을 자꾸 잃어버리는 것도 못마땅했지만, 그보다 동네에서 물건을 살 수 없다는 것 때문에 잔뜩 신경을 곤두세우곤 했어요.

엄마가 어릴 때, 아니, 지금 고등학생인 사촌언니의 말만 들어도 예전에는 동네마다 문방구가 다 있었대요. 학교에서 필요한 건 뭐든지 다 문방구에서 살 수 있었다고 해요. 자질구레한 학교 준비물은 물론, 장난감이랑 친구들 생일 선물도 문방구에서 샀대요. 아, 적은 돈으로 사 먹을 수 있는 간식거리도 있었다고 해요. 문 앞 작은 오락기에 하루 종일 매달려 있는 아이들도 있었고요. 참새가 방앗간을 그냥 못 지나가듯 아이들은 꼭 살 물건이 없어도 한 번씩 문방구에 들렀대요.

하지만 하연이는 문방구라는 걸 본 적이 없어요. 친구들도 마찬가지였어

요. 지금은 이 모든 걸 집에서 멀리 떨어진 마트에 가서 해결하니까요.

"학교 준비물을 학교에서 다 나눠 준다고 했을 때는 정말 좋았는데……."

차를 타고 마트로 가는 중에 엄마가 말했어요.

엄마는 동네 문방구들이 설 자리를 잃고 다 사라져 버린 걸 안타까워했어요. 엄마가 어릴 때는 '문방구는 절대 안 망한다'는 말이 있었대요.

"근데 왜 문방구가 다 사라졌을까요?"

"예전에는 학교 준비물을 각자 준비해야 했는데, 요즘엔 학교에서 다 주잖아? 아마 그것도 원인이 아닐까? 그리고 예전엔 수업시간에 필기도 많이 해서 공책이나 연필도 많이 필요했는데, 요즘에 너희는 필기도 별로 안 하잖아. 인쇄된 자료를 받기만 하고. 게다가 큰 물건들은 마트에 가서 사고. 그러니 동네의 작은 문방구들은 설 자리를 잃은 거지."

엄마는 문방구들이 다 사라지니까 아쉽대요. 준비물을 직접 준비하며 느끼는 것도 있었다면서요.

하연이는 엄마 말에 어느 정도 공감(共感)이 갔어요. 그리고 다시 동네에서 문방구를 만났으면 하는 마음이 들었어요. 필통처럼 필요한 물건들을 엄마 도움 없이 직접 문방구에서 사는 맛도 느껴 보고 싶어졌어요.

> **공감**
> 남의 감정이나 의견에 자기도 그렇다고 느낌.

예 판소리가 설 자리를 잃은 것 같아 안타까워요.

> **속담**
> ## 소 잃고 외양간 고친다
> 이미 일이 잘못된 후에 후회해도 소용없다.

 # 게으른 농부

옛날 게으른 농부가 살았어요. 농부의 재산이라고는 손바닥만 한 땅 한 뙈기와 누렁소 한 마리가 전부였어요. 그것을 모은 것도 부지런한 아내 덕분이었어요.

아내는 1년 내내 하루도 쉬지 않고 일했어요. 그러나 농부는 아내가 열 번, 스무 번 시켜야 마지못해 나와서 일하는 시늉만 하다가 쏙 들어가 버렸어요. 착한 아내는 농부를 원망하지 않고 남편 몫까지 꿋꿋하게 해 냈어요.

어느 늦여름 엄청난 태풍이 몰려왔어요. 지붕이 날아갈 만큼, 소와 돼지가 물살에 떠내려갈 만큼 태풍은 거셌어요. 비바람이 잠깐 주춤거리는 사이, 아내는 농부를 데리고 지붕을 손질하고 논밭의 고랑도 살폈어요.

집으로 돌아오니 외양간 안에서 누렁소가 구슬픈 울음을 울었어요. 마치 외양간도 좀 손봐 달라고 투정하는 것 같았어요. 외양간 문짝은 떨어져 나갈 듯 너덜거렸어요. 나무 울타리도 오래되어 곧 부서질 듯했어요. 외양간을 살펴보던 아내가 농부에게 말했어요.

"제가 저녁밥 지을 동안 당신은 외양간을 손질하세요."

농부는 외양간을 멀뚱히 보다가 귀찮은 표정을 지었어요.

"태풍이나 지나가거든 합시다."

그러고는 수건으로 옷에 묻은 먼지를 털고 방으로 들어가 버렸지요. 아내는 불안한 눈빛으로 외양간을 보다가 부엌으로 들어갔어요.

저녁을 먹고 나서 농부와 아내는 일찌감치 잠자리에 들었어요. 두 사람은 코를 드르렁드르렁 골며 깊은 잠에 빠졌어요.

새벽 즈음 아내는 부스럭거리는 소리에 눈을 떴어요. 아내는 귀를 쫑긋 세우고 바깥에서 들려오는 소리에 귀 기울였어요. 아무래도 도둑이 든 것 같았어요. 아내의 가슴이 콩닥콩닥 뛰었어요. 아내는 농부를 가만히 흔들어 깨웠어요.

"여보, 일어나 보세요."

"무슨 일이오?"

"밖에 도둑이 들었나 봐요."

"도둑이 들어 봤자 가져갈 게 뭐 있소. 걱정 말고 편히 자시오."

아내는 참다 참다 목소리를 높였어요.

"외양간 누렁소가 있잖아요."

"비바람이 이렇게 심한데 무슨 도둑이 든단 말이오?"

농부는 아내의 말을 무시하고 다시 잠이 들어 코를 골았어요.

이튿날 아침, 아내는 날이 밝자마자 외양간으로 달려갔어요. 아니나 다를까 외양간 안은 텅 비어 있었어요. 아내는 두 다리를 쭉 뻗고 땅을 치며 통곡했어요.

농부는 아내를 볼 낯이 없었어요. 그제야 연장을 들고 문짝에 못질을 한다, 울타리에 나무를 덧댄다 하며 수선을 피웠어요. 아내는 농부를 흘겨보았어요.

"소 잃고 외양간 고치면 뭐해요. 다 당신 때문이니 책임져요."

농부는 입이 열 개라도 할 말이 없었어요. 고양이 앞의 쥐처럼 어깨를 축 늘어뜨린 채, 텅 빈 외양간을 고치는 시늉이나 할밖에요.

> 예 핸드폰을 두 번이나 잃어버린 엄마는 핸드폰을 목에 걸 수 있는 줄을 샀지만 소 잃고 외양간 고치기였어요.
> 비 도둑맞고 사립 고친다

손꼽아 기다리다

 관용구

기대에 차 두근거리는 마음으로 기다리다.

 **기다림은 행복해**

오늘은 방학식 날이에요.

규리는 입에서 노래가 절로 나왔어요. 방학과 함께 규리네는 제주도 여행을 가기로 했거든요.

"이번 방학에는 제주도에 놀러 갈까?"

아빠의 말에 규리는 정말 기절할 만큼 기분이 좋았어요. 아빠는 늘 바빠서 함께 어딘가 여행을 갔던 기억이 없었어요. 게다가 규리는 제주도도 처음이고 비행기를 타는 것도 처음이었어요.

"제주도요? 정말요? 좋아요!"

그날부터 규리는 방학을 손꼽아 기다렸어요. 하루하루는 아주 더디게 흘러갔어요. 하루가 이렇게 길다고 생각한 적이 없었는데 말이에요. 하지만 대신 하루하루가 아주 행복했어요. 기다림이 이렇게 큰 행복감을 주는 줄은 미처 몰랐어요.

"다녀왔습니다!"

집에는 엄마 아빠가 여행 준비를 다 마치고 기다리고 있었어요.

"어째 지금까지 봐 온 규리 모습 가운데 가장 밝은 것 같은데?"

"당연하지요. 제가 오늘을 얼마나 손꼽아 기다렸는데요."

"그래? 그럼 규리를 위해서라도 빨리 출발해야지."

드디어 출발이에요. 공항버스를 탔어요.

"와, 신기하다!"

공항버스는 지금껏 규리가 알던 버스랑 달랐어요. 고속버스하고도 달랐어요. 규리는 처음으로 타 보는 공항버스가 신기하고 재미있었어요.

비행기를 타러 갈 땐 가슴이 두근두근했지요. 하늘 위로 날아가는 기분이 어떨지 너무나 궁금했어요.

비행기가 이륙했어요. 비행기는 어느새 하늘 높이 떠올랐어요. 창밖을 내다보니 저 아래쪽에 구름 벌판이 보여요. 구름 위를 날고 있다니 꿈만 같아요.

"근데, 기내식은 안 나와요?"

규리가 작은 목소리로 아빠에게 물었어요. 규리의 소원 가운데 하나가 기내식을 먹어 보는 것이거든요. 아쉽게도 제주도는 너무 가까워서 기내식이 나오지 않는데요.

"그럼 다음엔 꼭 시간 내서 우리도 외국 여행을 가 볼까? 그래야 우리 규리가 기내식을 먹어 볼 거 아니야?"

규리가 눈을 반짝이며 말했어요.

"정말이죠? 꼭 가야 해요. 저 외국에도 가 보고 싶지만, 정말이지 기내식을 꼭 먹어 보고 싶어요. 같은 음식이라도 비행기에서 먹으면 뭔가 다를 것 같아요."

"알았어. 앞으로 1년만 기다려 봐라."

"정말이죠? 저, 그럼 이제부터 그날만 손꼽아 기다릴 거예요."

그토록 기대했던 제주도에 도착하기도 전에 규리한테 다시 손꼽아 기다릴 행복한 일이 생겼습니다.

예 세뱃돈 때문에 설날을 손꼽아 기다린다고?

> **격언**
>
> ## 시간은 금이다
> 시간은 귀한 가치를 지니므로 낭비하지 말고 소중히 여기자.

 벤저민의 책값

1620년, 메이플라워호를 타고 잉글랜드에서 북아메리카로 건너온 청교도(淸敎徒)인들은 매우 금욕(禁慾)적인 세계관을 가지고 있었답니다. 사치를 부리는 것은 삶을 무의미하게 만드는 일이고, 쓸데없이 수다를 떨면서 시간을 낭비하는 것도 죄악이라고도 여겼지요. 그들에게 시간이란 매우 귀중하고 소중한 것이었어요. 인생의 마지막 순간까지 자신에게 주어진 시간을 열심히 보내야만 신의 은총을 받을 수 있다고 믿었으니까요.

미국 독립선언서의 초안(草案)을 작성한 벤저민 프랭클린의 일화는 이러한 청교인들의 생각을 잘 드러내 준답니다.

벤저민 프랭클린이 젊은 시절 서점에서 일하고 있을 때였습니다. 서점 안으로 한 신사가 들어오더니 물었습니다.

"이 책은 얼마요?"
"5달러입니다."

청교도
기독교 개신교의 한 갈래.

금욕
원하고 탐하는 일을 억누름.

초안
어떤 작업물에 관한 계획을 담아 맨 처음 정리해 낸 것.

신사는 책을 꽂아 놓고 다른 책들을 구경하다가 밖으로 나갔습니다. 얼마 되지 않아 신사는 다시 서점으로 들어와서 물었습니다.

"이 책이 얼마라고 했지요?"

"6달러입니다."

신사는 눈을 크게 뜨고는 말했습니다.

"아니, 아까는 5달러라고 하더니 그사이에 책값이 6달러가 되다니!"

벤저민 프랭클린이 대답했습니다.

"지금은 7달러입니다. 왜냐하면 손님께서는 제 소중한 시간을 낭비하고 계시니까요. 시간이 곧 돈입니다."

이 이야기를 들은 많은 사람들이 "시간은 돈"이라는 말을 자주 입에 올리기 시작했지요. 그러다가 돈이 금으로 바뀌어 "시간은 금이다"라고 말하곤 하지요.

그런데, 그전에 벌써 시간을 화폐에 비유한 사람이 있답니다. 독일의 철학자 칸트예요. 칸트는 시간을 정확하게 지키는 사람으로도 유명해요. 사람들이 칸트에게 물었어요.

"왜 그렇게 시간을 정확하게 지키는 거지요?"

칸트는 짧고 명료하게 대답했다고 합니다.

"시간은 금이니까요."

> **화폐**
> 돈. 물건 값을 나타내는 수단으로 오늘날엔 동전이나 지폐를 주로 사용한다.

예 시간이 금이라고 생각하는 서호는 자꾸 약속 시간에 늦는 순애가 미웠어요.

식은 죽 먹기

거리낌 없이 아주 쉽게 할 수 있는 일.

관용구

 이쯤이야 거뜬하게 할 수 있지

마음씨 착한 떠돌이 소년이 있었어요.

소년에게도 한때 가족과 집이 있었어요. 소년의 집은 무척 가난했어요. 하루 걸러 굶기가 예삿일이었고 끼니때마다 먹을 것이라곤 멀건 죽밖에 없었어요. 어머니는 쌀 한 줌에 쑥이나 무와 배추를 잔뜩 넣어 죽을 끓였어요. 곧바로 먹으면 입천장을 델 수 있으니 식혔다가 소년에게 주곤 했지요.

어머니 아버지는 소년이 열한 살 때 돌림병으로 세상을 떠났어요. 혼자 남은 소년은 마을 사람들의 도움으로 몇 달을 버텼어요. 그러나 마을 사람들도 언제까지고 계속 소년을 돌봐 줄 만큼 넉넉하지 못했어요. 결국 소년은 떠돌이가 되었답니다.

소년은 팔도(八道)를 떠돌아다니다가 깊은 산속에서 길을 잃었어요. 해가 떨어지고 어두워지자 산짐승들의 울음소리가 들려왔어요. 겁에 질려 허둥지둥 마을을 찾고 있을 때 멀리서 깜박이는 불빛이 보였어요. 소년은 불빛을 향해 달려갔어요.

불빛은 초가집에서 흘러나왔어요. 울타리 밖에서

팔도
조선 시대에 전국을 여덟 구역으로 나누었던 데서 비롯된 말로 나라 전체를 뜻하는 말.

　인기척을 내자 할머니 할아버지가 방문을 열고 나왔어요. 소년이 하룻밤 재워 달라고 부탁하자 두 노인은 적적하던 차에 잘되었다고 허락했어요. 그리고 삶은 감자와 옥수수도 주었답니다.

　날이 밝자 소년은 마당을 쓸었어요. 그리고 장작도 패 놓고, 할머니가 한쪽에 모아 둔 산나물과 약초도 앞마당에 널었어요. 소년은 무슨 일이든 거뜬거뜬 잘했어요.

　"아침 일찍부터 무슨 일을 이렇게 부지런히 했느냐? 힘들겠구나."

　소년은 땀을 닦으며 할머니를 보고 씩 웃었어요.

　"이 정도는 식은 죽 먹기인걸요. 일 있으면 더 시키세요."

　아침밥을 얻어먹은 소년은 물독을 채우고, 두 노인

인기척
사람이 있음을 느끼게 하는 소리.

의 어깨도 주물러 주었어요.

"그만하고 쉬렴. 힘들겠다."

할아버지가 걱정하자 소년은 싱글벙글 웃으며 대답했어요.

"에이, 이 정도는 식은 죽 먹기예요."

"허허, 녀석. 식은 죽을 얼마나 먹었기에……."

할아버지의 말에 소년은 눈물을 뚝뚝 흘렸어요. 그리고 어머니가 죽을 끓여서 식혀 주던 이야기를 했어요. 할머니 할아버지도 참 안됐다는 눈빛으로 소년을 보았어요.

"우리도 자식이 없어 적적한 사람들이니 여기서 우리와 살겠느냐?"

할아버지의 말에 소년은 뛸 듯이 좋아했어요. 소년은 그날부터 두 노인의 양자(養子)가 되어 낮에는 일하고 밤에는 공부를 했어요. 사실 할아버지는 어지러운 세상을 피해 산골에 숨어 사는 양반이었어요. 소년은 할아버지의 가르침을 받으며 글공부를 열심히 했어요.

나중에 세상이 조용해지자 소년은 산에서 내려가 과거 시험을 보았어요. 과거에 급제한 후에는 높은 벼슬아치가 되어 할머니 할아버지를 모시고 오래오래 행복하게 살았답니다.

양자
입양한 자식.

벼슬아치
나랏일을 맡아보는 관리.

예 그는 거짓말을 식은 죽 먹듯 하는 사람이다.

관용구

어깨가 으쓱해지다
칭찬을 받아 어깨가 올라가다.

 # 미륵님의 선물

인간은 언제부터 밥을 지어 먹었을까요? 참, 밥을 지으려면 물과 불이 필요하지요. 그렇다면 인간은 어떻게 물과 불을 발견했을까요?

옛날 세상이 처음 열리고 얼마 안 된 시절, 세상을 만든 미륵님은 하늘과 땅을 벌려 네 개의 구리기둥을 세웠어요. 하늘에는 해와 달이 두 개씩 걸려 있었어요. 해 하나를 떼어 큰 별을 만들고, 달 하나를 떼어 작은 별을 만들었지요.

미륵님은 세상에 필요한 것을 만들었어요. 우선 몸을 가릴 옷이 필요했어요. 산에 널린 칡넝쿨을 모아 하늘 베틀에 걸고 베를 짜서 옷을 만들어 입었지요.

옷을 입고 나니 다른 욕심이 생겼어요. 만날 생쌀을 먹으니 맛이 없었지요. 그래서 밥을 짓기 위해 물과 불을 찾아 나섰답니다.

그때 메뚜기가 미륵님의 눈에 띄었어요. 미륵님은 메뚜기를 잡아다가 형틀에 묶었어요. 그리고 종아리를 때리며 물었어요.

"너는 풀숲을 마음대로 다니는 동물이니 물과 불이 어디 있는지 알고 있겠지?"

"저 같은 작은 동물이 어찌 알겠어요. 개구리는 알고 있을지도 몰라요."

미륵님은 메뚜기를 놓아주고 개구리를 잡아들였어요. 이번에는 형틀에 묶여 오들오들 떨고 있는 개구리에게 무서운 얼굴로 다그쳤어요.

"고작 파리나 잡아먹고 사는 제가 어찌 알겠어요. 혹시 생쥐가 알지도 모르겠네요."

미륵님은 개구리를 풀어주고 생쥐를 붙잡아 왔어요. 미륵님이 물과 불이 어디 있냐고 묻자 생쥐는 겁 없이 당돌하게 대꾸했어요.

"그걸 가르쳐 드리면 제게 무엇을 주실 건가요?"

미륵님은 생쥐가 하는 짓이 귀여워서 하하 웃었어요.

"감히 생쥐 주제에 내 앞에서 당당하다니, 너 참 용감하구나."

생쥐는 어깨가 으쓱해졌어요.

"세상의 뒤주를 모두 네게 주마."

뒤주는 쌀 담는 커다란 궤짝이에요. 생쥐는 만족스러운 얼굴로 답했어요.

"금정산에 올라가면 한쪽은 차돌 같고 한쪽은 무쇠 같은 돌이 있어요. 그것을 부딪치면 불을 찾을 수 있어요. 그리고 소하산 꼭대기에 올라가 약수가 솟는 샘물을 찾으세요. 거기가 바로 물이 시작되는 곳이랍니다."

"작은 것이 참 대단하구나."

미륵님의 칭찬에 생쥐의 어깨가 다시 으쓱해졌어요. 그때부터 생쥐는 세상의 모든 뒤주를 차지하게 되었답니다. 그리고 우리는 물과 불을 얻었지요.

> 예 장학금을 받게 된다는 말에 어깨가 으쓱거린다.

어림 반 푼어치도 없다

몹시 부당하거나 터무니없는 말을 하다.

생떼 부린 부자

옛날 욕심 많은 부자가 살았어요. 하루는 이웃 사는 가난한 농부가 콩을 털기 위해 마당을 좀 빌리자고 찾아왔어요. 부자는 그러라고 했지요.

그런데 부자가 기르는 병아리 한 마리가 마당을 돌아다니다가, 농부가 휘두르는 도리깨에 맞아 죽고 말았어요. 부자는 펄쩍펄쩍 뛰고 야단이 났어요.

"병아리 값으로 열 냥을 내게."

'고작 병아리 한 마리가 열 냥이라니, 어림 반 푼어치도 없는 소리!'

농부는 속으로 생각했어요. 부자는 열 냥 이하로는 절대 안 된다고 큰소리쳤고, 농부도 그럴 수 없다고 버텼어요.

두 사람은 결국 원님을 찾아갔어요. 원님이 부자에게 물었지요.

"병아리 값이 얼만가?"

"열 냥입니다."

열 냥이라는 말에 원님의 입이 쩍 벌어졌어요.

'어림 반 푼어치도 없는 소리. 순 도둑놈 심보로군.'

"우리 병아리는 보통 병아리가 아닙니다. 날마다 최고급 쌀을 한 홉씩 먹여 길러, 다 자라면 거위만큼

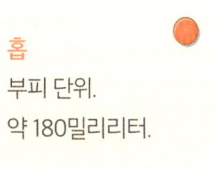

홉
부피 단위.
약 180밀리리터.

커진답니다."

원님은 코웃음을 쳤어요.

"농부는 부자에게 열 냥을 주게."

농부는 억울했지만 원님의 명령을 거역할 수 없었어요. 주머니를 탈탈 털어 열 냥을 주었지요. 원님이 부자에게 또 물었어요.

"병아리가 닭이 되려면 쌀을 얼마만큼 먹나?"

"못 먹어도 한 섬은 먹겠지요."

부자의 말에 원님은 고개를 끄덕거렸어요.

"부자는 농부 덕에 쌀값을 아꼈으니, 쌀 한 섬 값을 농부에게 돌려주게."

부자는 고개를 갸웃거렸어요. 뭔가 셈이 이상했지만 원님의 말이 틀리지 않았으니 따질 수도 없었어요. 농부에게 받았던 돈을 고스란히 돌려주었지요. 부자와 농부는 꾸벅 인사를 하고 관가에서 나왔어요.

"앞으로 내 앞에서 그런 어림 반 푼어치 없는 고집은 피우지 말게."

원님이 껄껄 웃으며 부자의 등에 대고 호령했어요. 부자는 뒤통수가 따끔거려 도망치듯 집으로 돌아갔답니다.

섬
부피 단위.
한 홉의 1000배로 약 180리터.

예 저녁밥으로 과자를 먹겠다고? 어림 반 푼어치도 없지.

관용구

어안이 벙벙하다
뜻밖에 놀랍거나 기막힌 일을 당하여 어리둥절하다.

 도대체 왜

한 부부가 마흔이 넘어서야 아들을 낳았어요. 늘그막에 얻은 아들이라 쥐면 꺼질까 불면 날까 귀하게 키웠지요. 하루는 아버지가 장난으로 어린 아들에게 말했어요.

"어머니 좀 때려 줘라."

그러자 아들은 고사리 같은 손으로 어머니의 무릎을 때렸어요. 어머니는 웃으며 아들에게 말했지요.

"아버지도 때려 줘라."

그러자 아들은 귀여운 주먹으로 아버지의 어깨를 콩콩 때렸어요. 부모님이 웃으며 좋아하자, 아들은 부모님을 때리는 것이 버릇이 되었어요. 나이를 먹을 만큼 먹고도 툭하면 어머니 아버지를 때렸어요.

"이제 그만해라."

아버지가 말해도 아들은 장난인 줄 알고 멈추지 않았어요.

하루는 한 나그네가 이 집에 하룻밤 묵어 가게 되었어요. 세수를 하고 사랑방에 누웠는데 투덕거리는

> **쥐면 꺼질까 불면 날까**
> 매우 아끼고 소중히 여기다.

소리가 들렸어요. 문을 열고 보니, 밖에 나갔던 이 집 아들이 돌아와 다짜고짜 부모님을 때리는 것이었어요. 나그네는 어안이 벙벙했어요. 나그네는 이 소년을 며칠간 데리고 있게 해 달라고 청했습니다.

다음 날 나그네는 소년을 데리고 자기 집으로 갔어요. 그러고는 소년에게 아무것도 하지 말고 노망이 들어 정신이 오락가락한 노인과 집을 보라고 시켰어요.

식구들이 일하러 나간 후, 노인은 부엌에서 꿀단지를 들고 밭두렁으로 갔어요. 그리고 아까운 꿀을 거름 주듯 밭에 뿌렸어요. 소년은 노인이 자식에게 얻어맞을 거라고 생각했어요.

저녁이 되어 나그네의 아내가 먼저 집으로 돌아왔어요. 꿀단지가 텅 빈 것을 보고도 그 아낙은 모른 체했어요. 귀한 생선을 굽고 저녁상을 정성껏 차

려 노인에게 올렸어요. 아낙은 이렇게 말하기까지 했어요.

"아버님, 밭에다 거름 주셨어요? 올해 농사는 아버님 덕분에 풍년이 들겠네요."

소년은 어안이 벙벙했어요. 도무지 그 행동을 이해할 수 없었어요.

밤늦게 나그네가 돌아왔어요. 아낙은 남편에게 노인이 밭에 꿀을 뿌린 이야기를 들려주었어요.

'옳거니.'

소년은 이제 노인이 그에게 두들겨 맞을 거라고 생각했어요. 그러나 이게 웬일이지요? 사내가 아낙에게 큰절을 올리는 것이었어요.

"아버지를 모시느라 고생이 많소."

부부가 노망든 아비를 모시는 것을 보며 소년은 마음을 고쳐먹었어요. 자기가 얼마나 잘못했는지 분명하게 깨달았지요.

이튿날 소년은 한달음에 집으로 달려왔어요. 동구 밖에서부터 어머니 아버지를 부르면서요. 아들의 목소리를 들은 두 사람은 얻어맞을까 봐 부들부들 떨었어요.

그런데 소년은 완전히 새사람이 되어 있었어요. 부모님의 어깨도 주물러드리고, 농사일과 집안일도 척척 해 냈어요. 처음 며칠 동안 부모님은 귀신에 홀린 듯 어안이 벙벙했어요. 소년은 부모님을 모시고 오래오래 행복하게 잘 살았답니다.

예 학교에 있어야 할 아들이 놀이터에서 마냥 놀고 있는 모습을 보고 엄마는 어안이 벙벙해졌다.

언 발에 오줌 누기 〔속담〕

처음 잠깐은 효과가 있지만 얼마 못 가 상황을 더 나쁘게 만드는 좋지 못한 해결책.

 ### 머리 아픈 숙제

요즘 지효네 반에서는 특별한 수업을 하고 있어요. 일주일에 한 번씩 속담을 배우고, 그 속담에 해당하는 사례를 찾아와서 토론을 하는 거예요.

이번 주에 배운 속담은 '언 발에 오줌 누기'예요. 겨울에 꽁꽁 얼어 버린 발에다 오줌을 누면, 잠시 동안은 따뜻한 오줌 덕에 발이 녹는 것 같지만 결국 더 꽁꽁 얼어 버리죠. 이처럼 잠시 효력을 발휘하는 듯하지만, 곧 상황을 악화시킬 일을 '언 발에 오줌 누기'라고 한대요.

지효는 갑자기 소름이 끼쳤어요. 언 발에 누었던 오줌이 꽁꽁 얼어붙는 상상을 하자 너무 끔찍했거든요.

지효는 오늘따라 이 속담 숙제가 너무 어렵게 느껴졌어요. 속담을 많이 쓰기는 하지만 막상 숙제를 하려면 다른 때도 거기에 딱 맞는 사례를 떠올리기가 쉽지는 않았어요. 지효 자신은 아직까지 '언 발에 오줌을 눌' 만큼 급박했던 적이 없는걸요.

"엄마, 나 좀 도와 줘!"

지효는 엄마한테 도움을 청하기로 했어요.

"언 발에 오줌 누기란 속담에 맞는 예를 찾아야 하는데, 아무리 생각해도

잘 모르겠어."

"언 발에 오줌 누기? 지효 네가 잘하는 거 아니야? 위기를 모면하려고 거짓말을 했다가 탄로 나서 더 크게 혼난 적 많잖아?"

"엄마! 그게 뭐야?"

지효는 엄마에게 소리를 버럭 지르고 방으로 들어왔어요. 엄마한테 진지하게 물어봤는데 엄마는 장난스럽게 대하는 것 같아서 기분이 나빴어요.

그런데 곰곰 생각해 보니, 아무래도 엄마 말이 맞는 것 같아요. 사실 지효는 엄마 말처럼 위기에서 벗어나기 위해 거짓말한 적이 두어 번 있었어요. 거짓말 덕에 처음에는 상황을 잘 넘길 수 있었지만 얼마 가지 않아 곧 거짓말이 탄로 나고 말았어요. 결국 거짓말을 안 하는 것보다 훨씬 더 많이 혼이 났고요. 게다가 엄마는 지효가 무슨 말을 할 때마다 거짓말인지 아닌지 몇 번이고 확인하게 됐죠. 엄마 말대로 언 발에 오줌을 누었다가 상황이 훨씬 더 나쁘게 된 꼴이에요.

이렇게 생각하자 지효는 예전에 상황을 어떻게든 모면해 보려고 거짓말했던 게 정말 잘못한 일이었다는 것이 실감 났어요. 언 발에 오줌을 눈 격이라 생각하니 발이 찌릿찌릿 아파 오는 것 같기도 했어요.

드디어 숙제를 발표하는 날이에요.

지효는 자기가 상황을 모면하려고 거짓말했던 이야기를 했어요. 처음엔 위기를 잘 모면한 것 같았는데 얼마 지나지 않아 탄로 나면서 더 크게 야단맞고, 엄마한테 신뢰를 잃게 됐다고 했지요.

　큭큭거리며 웃는 아이들도 있었지만 지효의 말에 공감하는 아이들도 무척 많았어요. 지효는 친구들도 비슷한 경험이 다들 있는 것 같아 조금 위로가 되었지요.

예 숙제를 안 했다고 베끼는 건 언 발에 오줌 누기란다.

얼굴을 붉히다

언짢은 기색을 얼굴에 나타내다.

 ## 사은품 쟁탈전

미진이는 엄마를 따라 집 앞에 생긴 마트에 갔어요.

미진이와 엄마는 마트에 가는 이유가 서로 달랐어요. 엄마는 신장개업 사은품으로 주는 세숫대야를 타는 것이 목적이었고, 미진이는 더위를 피하기 위해서였어요. 어제저녁 에어컨이 고장 나서 한잠도 못 잤거든요. 올해 열대야는 9월이 되어도 수그러들지 않았어요. 낮에는 해가 이글이글 타올랐고, 밤에는 낮 동안 데워진 땅이 열을 내뿜었어요.

"아, 시원하다!"

마트에 들어서자마자 미진이가 탄성을 질렀어요.

"엄마, 아이스크림 먹어도 되죠?"

"안 돼."

엄마는 딱 잘라 말하고 장을 보기 시작했어요. 미진이는 입술을 삐죽거렸어요.

'쳇, 아이스크림이 얼마나 한다고……'

미진이가 에어컨 앞에 서서 냉기를 쐬고 있을 때, 어디선가 시끄러운 소리가 들렸어요. 어떤 할머니와 아줌마가 복숭아 상자를 잡아당기며 얼굴을 붉히고 있었어요. 한 상자 남은 세일 복숭아가 싸움의 원인이었어요.

"할머니, 이거 제가 먼저 골랐어요."

"눈으로 고르면 뭐하누, 손으로 잡아야 임자지. 그리고 내가 왜 할머니야? 아직 예순다섯밖에 안 됐는데, 내가 왜 할머니냐고?"

할머니와 아주머니는 별것 아닌 일로 티격태격했어요. 한 치도 물러서지 않았고, 둘 다 양보할 생각이 없어 보였어요.

"날도 더운데 왜 얼굴을 붉히고 저러지?"

"여러 사람이 이용하는 장소에서 부끄럽지도 않나?"

마트 직원들이 두 사람을 보며 수군거렸어요.

이번에는 계산대 쪽이 왁자지껄했어요. 미진이는 깜짝 놀랐어요. 엄마가 한 아줌마와 목소리를 높여 싸우고 있었어요. 마지막 하나 남은 세숫대야를 두고 시비가 붙은 모양이었어요.

"아줌마, 제가 먼저 줄 섰거든요?"

"물건 바구니만 계산대에 놓으면 뭘 해요. 나처럼 계산을 해야지."

더운 날씨 때문일까요? 사은품 하나 때문에 얼굴을 붉히다니, 평소 엄마와 퍽 달랐어요.

미진이는 계산대로 달려갔어요. 그리고 아이스크림을 엄마 바구니에 넣었어요.

"엄마, 이것도."

엄마의 눈에서 광선이 나올 것 같았어요. 가뜩이나 짜증나는데 너까지 왜 이러냐는 눈빛이었어요. 미진이는 조그맣게 속삭였어요.

"엄마, 3만 원어치 이상 사면 배드민턴채 준대요."

배드민턴채라는 말에 엄마 눈이 커졌어요. 엄마는 조금도 망설이지 않고

아줌마에게 세숫대야를 양보했어요. 미진이가 고른 아이스크림까지 꼭 3만 원이 나왔어요.

　엄마는 배드민턴을 들고, 미진이는 아이스크림을 먹으며 기분 좋게 마트에서 나왔어요.

　"엄마, 오늘 이상해요. 고작 사은품 때문에 얼굴을 붉히고……."

　"날씨가 더워서 그런가 보다. 그런데 아이스크림 너만 먹니?"

　엄마가 민망했나 봐요. 괜히 멋쩍은 얼굴로 미진이의 아이스크림을 한입 빼앗아 먹었어요.

예 홈스는 왓슨의 실수에도 얼굴을 붉히지 않고 도리어 위로해 주었다.

> ### 옥에도 티가 있다 [속담]
> 아무리 훌륭한 사람 또는 좋은 물건이라도 자세히 따지고 보면 사소한 흠은 있다.

 화씨벽 이야기

　옛날 중국 춘추 시대 초나라에 화씨라는 사람이 옥을 발견했답니다. 옥은 고대 사회에서 매우 귀중한 보물이었어요. 화씨는 그 옥을 여왕에게 바쳤지요. 여왕은 그 옥을 감정사에게 보내 진짜인지 아닌지 알아보라고 했어요.
　"옥이 아니라 그냥 돌일 뿐입니다."
　감정사의 말에 화가 난 여왕은 화씨의 왼발을 베어 버렸어요. 여왕이 죽고 무왕이 왕위를 이어받았지요. 화씨는 다시 그 옥을 무왕에게 바쳤답니다. 무왕 역시 그 옥을 감정사에게 보여 주었답니다. 감정사는 또 돌이라고 했지요. 화씨는 오른발까지 잃어야만 했답니다.
　무왕이 죽고 문왕이 즉위하자 화씨는 옥을 안고 3일 밤낮으로 대성통곡을 했답니다. 이 말을 들은 문왕이 그 옥을 가져다가 겉을 깎아 내고 다듬어 보았더니, 화씨의 말처럼 정말 귀한 옥이 되었답니다. 천하에서 가장 귀한 보물이 되었지요. 문왕은 그 옥을 '화씨벽(화씨의 구슬)'이라 불렀지요.
　이 화씨벽은 여러 주인을 만나 돌아다니다가 조나라 혜문왕이 갖게 되었어요. 그러자 이번에는 조나라 옆에 있는 힘센 진나라 왕이 그 화씨벽을 탐냈답니다.

"우리 진나라의 15개 성읍과 화씨벽을 바꾸지 않겠는가?"

성읍(城邑)이란 '고을'을 뜻하는 말이에요. 옥구슬이 얼마나 높이 평가받았는지 알 만하죠? 진나라의 요구를 거절하면 당장 전쟁이라도 해야만 할 것 같았어요. 그래서 조나라에서는 울며 겨자 먹는 심정으로 화씨벽을 들고 진나라로 갔답니다. 화씨벽을 손에 넣은 진나라 왕은 좋아서 어쩔 줄 몰라 했지만 주기로 한 것에 대해서는 입도 벙긋하지 않았지요. 15성읍을 줄 마음이 눈곱만큼도 없다는 건 확실했지요. 그러자 조나라 사신 인상여는 이리 말했답니다.

"왕이시여, 자세히 보면 그 화씨벽에 작은 흠이 하나 있습니다."

"이 귀한 옥에 티가 있다니?"

인상여는 잠시 화씨벽을 돌려주면 보여 주겠다고 했지요. 화씨벽을 돌려받은 인상여는 갑자기 태도를 바꾸더니 진나라가 약속을 지키지 않는다며 나무라고는, 이 옥을 기둥에 던져 가루로 만들어 버리겠다고 했답니다.

"아니, 이 사람아, 왜 이러나? 내가 어찌하면 되겠는가?"

"이 보물을 다시 돌려받고자 한다면 닷새 동안 목욕재계를 하시어 마음을 정결하게 하십시오."

진나라 왕은 그리하겠다고 약속했지요. 약속한 닷새가 지나자 인상여는 화씨벽은 이미 조나라로 돌려보냈다고 했어요. 그러고는 맘대로 하라며 큰 소리를 쳤답니다. 진나라 왕은 화가 머리끝까지 치솟았지만, 인상여의 용기에 감탄을 금치 못했답니다. 그래서 인상여를 극진히 대접한 후에 조나라로 다시 돌려보내 주었다고 해요.

이 이야기에서 '옥에도 티가 있다'는 말이 나왔답니다. 옥의 티를 한자로 쓰면 '하자(瑕疵)'예요. 어떤 물건에 작은 흠이 있는 것을 '하자'가 있다고 하

지요. 또한 흠집 하나도 없는 옥을 '완벽(完璧)'이라고 해요. 완벽한 사람, 완벽한 물건 등에 쓰이는 완벽이라는 말도 이 이야기에서 나왔답니다.

　세월이 흐르는 동안 '옥에 티가 있다'는 말은 조금씩 뜻이 바뀌어 아무리 훌륭한 사람 또는 좋은 물건이라 하여도 자세히 따지고 보면 사소한 흠은 있게 마련이라는 뜻으로 쓰이고 있답니다.

　예) 이 볼펜은 다 좋은데 잉크가 너무 빨리 닳는 게 옥의 티야.

> 속담
>
> # 우물 안 개구리
> 보고 들은 것이 적어 세상 형편을 모르는 사람.

 개구리의 지상낙원

『장자』라는 책에 나오는 이야기예요. 우물에서 태어나 한 번도 밖에 나가 보지 못한 개구리가 있었어요. 개구리는 우물 안이 워낙 익숙해서 바깥세상이 어떻게 돌아가는지 알지 못했고 궁금하지도 않았어요.

몸이 마르면 물속으로 들어가고 갑갑하면 우물 벽에 기어올라 숨을 쉬었어요. 간혹 모기와 파리가 날아들면 긴 혀를 쭉 뻗어서 날름 잡아먹었지요. 개구리는 우물 안에서 부족한 것이 없었답니다.

어느 날 두꺼비 한 마리가 우물가를 지나다가 개구리에게 인사했어요.

"개구리야, 잘 지내느냐?"

"두꺼비, 오랜만이구나."

"좁은 우물 속이 답답하지 않으냐?"

두꺼비의 물음에 개구리가 코웃음을 쳤어요.

"이곳이 지상낙원이라는 것을 모르는구나. 나는 세상에서 가장 행복한 개구리란다."

"뭐가 그리 행복하단 말이지?"

"잘 들어 봐. 나는 심심하면 우물 끝까지 뛰어올라. 높이뛰기를 하다 보면

얼마나 재미있는지 하루가 금방 가지. 그러다 지치면 우물 벽에 네 발을 붙이고 이끼 냄새를 맡으며 가만히 쉬기도 해. 또 물에 들어가서 턱과 겨드랑이로 떠 있기도 하고, 바닥 끝까지 내려가 흙을 차서 발등에 묻히기도 해. 자네 같은 두꺼비나 게나 장구벌레는 내 팔자가 얼마나 좋은지 알 수 없을 거야."

개구리의 자랑은 한도 끝도 없었어요. 두꺼비에게는 말할 틈도 주지 않았어요.

"게다가 이 넓은 우물 안이 온통 내 차지 아닌가. 이렇듯 지극한 즐거움을 모르고 왜 바다에 사는 거북과 자라는 나를 보러 오지 않는지 모르겠군."

"거북과 자라가 왜 자네를 보러 와야 한단 말인가?"

"왜긴? 자랑하려고 그러지. 아마 우물에 사는 나를 본다면 다시 바다로 돌아가고 싶지 않을걸."

두꺼비는 할 말을 잃었어요.

"자네 바다가 어떤 곳인지 알기나 하나?"

"어떤 곳이라 해도 이 우물만은 못할 걸세."

두꺼비는 기가 막혀 배를 두드리며 한참 웃었어요.

"그렇게 생각하게나. 바다는커녕 냇물도 못 본 자네에게 내가 무슨 말을 더 하겠나."

두꺼비는 뒤도 돌아보지 않고 폴짝 뛰어가 버렸어요.

> **예** 아시아인은 키가 작을 거라고 생각했던 나는 우물 안 개구리나 마찬가지였군.

> **웃는 낯에 침 뱉으랴** 속담
> 좋게 대하는 사람에게 나쁘게 할 수 없다.

 엄마의 마음을 녹이자

"김동연! 김지연! 너희들, 정말 그럴 거야?"

엄마가 불같이 화가 났습니다.

얼마 전 영어 학원에서 본 시험에 동연이 지연이는 나란히 떨어지고 말았습니다. 같이 시험 본 친구들 가운데 둘만 떨어졌지요.

"너희 둘은 쌍둥이가 되어 가지고 모든 게 다 다르면서 공부 안 하는 것만 그렇게 닮았니?"

엄마는 한숨을 푹푹 내쉬며 한탄했지요.

그런데 이번엔 동연이 지연이가 아예 학원을 빼먹었습니다. 오늘은 지난번 봤던 시험을 다시 보는 날이었지요. 학원 선생님은 엄마한테 바로 전화를 했고, 엄마는 동연이와 지연이가 집에 들어올 때까지 애써 화를 삭이고 있었지요.

"자, 이제 학원을 빠진 이유를 한번 대 봐."

동연이가 쭈뼛쭈뼛하며 말했습니다.

"저…… 지연이는 잘못 없어요. 제가 이번 시험도 자신이 없어서 같이 빠지면 안 되겠냐고……."

> **삭이다**
> 마음을 가라앉히다.

"재시험이 자신 없다고 학원을 빠져?"

동연이와 지연이는 엄마의 불호령에 더 이상 아무 말도 못 하고 방으로 들어갔습니다. 엄마가 언제 들어올지 몰라 책상 위에 영어 책을 펼쳐 놓았지만 이런저런 생각에 글자가 머리에 들어오지 않았지요.

어느새 저녁 시간이 훌쩍 지났습니다. 동연이와 지연이는 배가 고파 왔어요. 하지만 저녁을 먹으라는 소리는 들리지 않았어요. 동연이와 지연이는 방문을 살짝 열고 내다봤지요. 엄마는 식탁 앞에 우두커니 앉아 있었어요.

"아무래도 우리가 잘못한 것 같긴 하지?"

지연이가 말했어요.

"맞아. 잘못하긴 했지. 근데 시험이 정말 겁나긴 했어."

동연이도 말했어요.

"어쨌든 우리가 잘못했으니까 엄마한테 가서 사과해야 해."

"어떻게?"

"'웃는 낯에 침 뱉으랴?'라는 말이 있잖아. 웃으면서 잘못했다고 빌어 봐야지."

낯
얼굴. 체면.

동연이 지연이는 방에서 나와 엄마 앞으로 갔어요.

"엄마, 죄송해요. 시험이 너무 겁나서 그랬어요. 용서해 주세요."

동연이 지연이는 애처로운 눈빛으로 엄마 팔을 잡고 웃음 띤 얼굴로 말했어요.

"배 고파요. 밥 주세요. 밥 먹고 열심히 공부할게요."

엄마는 그런 두 아이의 모습을 기가 막히다는 듯 잠자코 쳐다보더니 말했습니다.

"웃는 낯에 침 못 뱉는다더니, 내가 졌다 졌어. 이번만 용서해 주는 거야.

알았지?"

"네!"

역시 웃는 낯엔 침을 못 뱉나 봐요. 동연이와 지연이는 서로 눈을 찡긋하고 마주 보며 웃었습니다.

예 지각한 아이를 혼내려던 선생님은 웃는 낯엔 침을 못 뱉는다는 말처럼, 생글생글 웃는 아이 앞에서 한없이 약해졌다.

> 속담
>
> ## 원수는 외나무다리에서 만난다
> 피할 수 없는 상황에서 꺼리고 싫어하는 상대를 만나기 마련이다.

 ### 무섬마을의 외나무다리

미령이네는 연휴를 맞아 경북 영주시에 있는 무섬마을로 놀러 갔어요.

무섬마을에 오니 신기한 것이 참 많아요. 마치 조선 시대로 돌아간 듯 전통가옥이 늘어서 있어요. 골목길을 따라가면서 다양한 모습을 한 전통가옥을 구경하는 것만으로도 정말 기분이 좋아져요. 돌담을 따라 집 안에도 꽃이 피어 있지만, 돌담 밖으로도 꽃이 늘어서 있어요. 아파트 단지에 가꿔 놓은 정원이나 공원에서는 볼 수 없는 아기자기하고 정겨운 모습이에요.

"여기 정말 예뻐요."

"그러게. 옛날 집들이 늘어선 모습이 민속촌 같으면서도, 민속촌보다 훨씬 더 정감 있고 좋은데!"

미령이는 물론 엄마 아빠도 무섬마을의 풍경에 폭 빠져들고 말았어요.

"우아! 외나무다리 좀 봐요!"

"우아!"

엄마도 아빠도 외나무다리를 보고 감탄사만 내뱉고 아무 말도 못 했어요.

외나무다리는 지금까지 알고 있던 외나무다리하고는 차원이 달랐어요. 굽이굽이 산길을 넘어가듯 S자 모양으로 이어진 외나무다리가 눈앞에 펼쳐져 있었거든요.

외나무다리를 건너기 시작했어요. 생각보다 폭이 넓지 않아서 조금은 겁이 났어요. 혹시라도 발을 헛디딜까 눈은 외나무다리에만 집중한 채 한 발 한 발 내디뎠어요.

얼마쯤 갔을까? 고개를 들어 앞을 바라 보니 반대편에서 아이 두 명이 건너

오고 있었어요. 미령이는 깜짝 놀라서 "안 돼!" 하고 소리를 질렀어요. 하지만 그 아이들은 미령이 말은 전혀 신경을 쓰지 않고 계속 다가오고 있었어요.

"미령아, 진정해. 저기 봐. 다리를 지나는 사람이 쉬어 갈 수 있게 만든 조금 널찍한 곳이 있지? 저기에 가면 서로 안전하게 건널 수 있을 거야."

엄마 말대로 미령이는 반대쪽에서 오던 아이들과 사이좋게 조금씩 양보하며 외나무다리를 무사히 건널 수 있었어요.

"휴, 다행이다. 저, 이제야 원수는 외나무다리에서 만난다는 말을 알 것 같아요. 만약 이런 외나무다리에서 원수를 만나면 서로 절대로 양보를 안 할 거 아녜요?"

"맞아. 그러니까 친구들하고 싸우거나 해서 원수가 되는 일은 없어야겠지?"

"에이, 아빠는 또 교훈으로 끝맺으시는 거예요? 전 그냥 외나무다리로 안 다닐래요."

"허허, 이거 미령이가 아빠보다 한 수 위인걸?"

미령이 말에 아빠는 웃음을 터트렸지요.

예 원수는 외나무다리에서 만난다더니, 나 미진이랑 싸웠는데 또다시 짝이 되었어.

> **속담**
> # 원숭이도 나무에서 떨어진다
> 아무리 잘하는 일이라도 실수할 수 있다.

 실수해도 괜찮아

 어려서부터 자주 가수 같다고 칭찬받아서일까요? 민경이는 늘 가수들의 노래와 춤을 따라 하는 게 좋았어요. 그래서 장래 꿈도 가수지요.

 학교에서도 민경이를 모르는 아이는 없을 거예요. 선생님들은 물론 친구들 사이에서도 가수로 통하니까요.

 "오호, 고음도 좋은데?"

 "넌 어떻게 그렇게 춤을 잘 춰?"

 민경이가 춤추며 노래하면 이런 말을 듣는 게 당연한 일이었어요. 춤과 노래만큼은 다른 누구보다 잘할 수 있다는 자부심(自負心)이 있었지요.

 그런데 민경이의 이런 자부심에 상처가 나는 일이 생기고 말았어요. 선생님과 친구들이 보는 앞에서 신나게 춤추며 노래하다 그만 실수를 하고 말았거든요.

 잠깐 리듬이 깨진다고 생각하는 순간, 발이 엉키며 삐끗하고 말았어요. 깜짝 놀란 나머지 음정도 흔들리고 말았지요.

 민경이는 머리가 하얘지는 것 같았어요. 다행히 더

> **자부심**
> 스스로 자기 능력을 믿고 당당히 여기는 마음.

큰 실수 없이 마무리했지만 기분이 영 좋지 않았어요.

"기분 풀어. 원숭이도 나무에서 떨어질 때가 있는 법이야."

선생님이 민경이를 위로하며 말했어요.

하지만 민경이는 그 말로는 도저히 위로받을 수 없었어요. 생각할수록 자신이 한심하게 느껴질 뿐이었어요.

엄마가 말했어요.

"선생님 말씀이 맞아. 세상에 실수를 전혀 안 하는 사람은 없는 법이거든. 재미있는 것 좀 보여 줄까?"

그러더니 엄마는 인터넷에서 동영상 하나를 찾아서 틀었어요. 동영상은 한국 최고의 가수들이 열창을 하다 음 이탈(離脫)이 생긴 장면만 모아 놓은 것이었어요. 놀랍기도 하고, 우습기도 했어요. 정말이지 원숭이도 나무에서 떨어질 때가 있는 법인가 봐요.

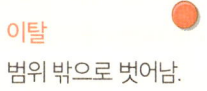
이탈
범위 밖으로 벗어남.

그날 저녁, 식사를 마치고 다들 둘러앉아 텔레비전을 볼 때였어요. 화면 속의 원숭이가 나무 위에서 온갖 재주를 부리는 것 같더니, 갑자기 나무 밑으로 떨어지는 거예요. 원숭이도 나무에서 떨어진다는 말은 들어 봤지만 진짜로 떨어질 줄은 몰랐어요.

민경이는 나무에서 떨어지는 원숭이를 보니 원숭이가 불쌍해 보이면서도 어쩐지 위로가 되는 것 같기도 했어요.

예 지휘자가 지휘봉을 놓치다니, 원숭이도 나무에서 떨어지는 법인가 봐?

> **윗물이 맑아야 아랫물이 맑다**
> 윗사람이 잘하면 아랫사람도 따라서 잘하게 된다.
>
> `속담`

 원님이 되고 싶은 시골 부자

옛날에 돈깨나 모은 시골 부자가 있었어. 시골 부자가 가만 소문을 듣자 하니 돈을 싸 들고 정승 댁에 가면 벼슬자리를 준다나. 시골 부자는 자기도 고을 원님이라는 걸 해 보고 싶어서 돈을 싸 들고 정승 댁에 갔지.

윗물이 맑아야 아랫물이 맑다는데, 정승이 이렇게 돈을 밝히니 나라꼴이 어땠겠어? 그러거나 말거나 정승 댁은 벼슬자리를 탐하는 사람들로 북적대고 있었어. 시골 부자도 돈 보따리를 내놓으며 고을에 원님 자리 있음 한 자리 달라고 했지. 정승은 돈 보따리를 싹 챙기면서 "응, 알았네" 했지. 한데 몇 주가 지나도록 감감무소식이었어. 돈이 좀 모자랐나 싶어서 부자는 자기 집 논밭을 다 팔아서 또 돈 보따리를 내밀었어. 그러자 정승은 그 돈 보따리도 싹 챙기면서 "응, 조금만 기다려 보게" 하는 거야.

오늘인가 내일인가 하면서 기다린 게 3년이 가도록 감감무소식이야. 이젠 줄래야 줄 돈도 없어. 그래서 시골 부자는 산에 가서 땡벌을 가득 잡아 왔어. 그러고는 상자를 꼭 닫고 비단보자기에 쌌어.

"대감마님, 이건 시골에서 올라온 명약 중 명약입니다. 아무도 없는 한밤중에 문을 꼭 닫고 대감마님 혼자 드십시오. 그러면 열두 달 사시사철 무병

장수(無病長壽)할 것입니다."

그래서 정승은 한밤중에 몰래 방문을 잠그고 비단 보자기를 풀었어. 그러자 땡벌이 엥― 하면서 몰려 나와 대감을 쏘네. "아이구, 나 죽네" 하면서 소리를 쳤지만 아무도 달려오지 않았지. 혼자 몰래 먹어야 약이 된다고 해서 정승이 주변 사람을 모두 물려 보낸 후였거든. 벌이 눈을 쏘는 바람에 방문을 열지도 못했어. 그러다 시골 부자가 몰래 가서 살짝 방문을 여니까 벌들은 모두 우르르 날아가 버렸지.

다음 날 정승 아들이 정승에게 문안 인사를 하러 왔다가 깜짝 놀랐어. 시골 부자도 따라왔지. 정승은 화가 나서 그 시골 부자를 손으로 가리키며 뭐

무병장수
병 없이 오래 삶.

라 뭐라 하는데 입이 퉁퉁 부어올라 말이 제대로 안 나오는 거야. 그러자 시골 부자가 넙죽 절하면서 "대감마님, 감사합니다. 어제 나온 시골 원님 자리 감사히 받겠습니다" 했지. 그러니까 대감은 손짓 발짓 난리를 떨면서 뭐라 하는 거야.

"저놈이 날 이 꼴로 만들어 놨다" 하는 소리인데, 그것도 모르고 정승 아들은 시골 부자 말을 그대로 받아들인 거야. 왜냐면 정승이 고을 원님 자리를 줄 때 항상 사람을 슬쩍 손으로 가리키거든. 정승이 더 펄쩍펄쩍 뛰니까 시골 부자는 냉큼 또 이리 말하는 거야.

"어서 서둘러 그리하라는 말씀 같습니다" 하니까 정승 아들은 "알겠습니다. 아버님. 서둘러 이 사람을 고을 원(員)으로 보내겠습니다. 그러니 진정하십시오"라고 하네. 정승은 어이가 없어서 꼴까딱했다네. 이래서 시골 부자는 고을 원님이 되었대.

어이구……. 이리 돈을 주고 고을 원님이 된 시골 부자가 마을을 잘 다스리기나 했을까? 자기는 원풀이했겠지만, 어째 걱정이 좀 되네. 윗물이 맑아야 아랫물이 맑다고 했는데……. 걱정이야, 걱정.

> **예** 윗물이 맑아야 아랫물이 맑다는 말처럼 어른이 먼저 모범을 보여야 한다.

입맛을 다시다 관용구

음식을 먹고 싶어 입을 오물거리다. 무엇인가를 갖고 싶어 하다. 일이 마음대로 되지 않아 난처해하다.

 ## 여우와 포도

『이솝우화』에 나오는 이야기 하나 들려줄게요.

여우 한 마리가 산길을 걷고 있었어요. 여우는 여러 날 굶어서 기운이 하나도 없었어요. 무거운 꼬리를 끌며 고개를 올라갔다가 내려가니 풀밭이 나타났어요.

여우는 코를 킁킁거렸어요. 뭔가 새콤달콤한 냄새가 여우의 코끝에 달라붙어 떨어지지 않았어요. 금세 입안에 침이 고였어요. 여우는 입맛을 다시며 풀밭으로 달려갔어요.

풀밭 한가운데 포도나무가 있었어요. 가뭄이 심해 나무는 바짝 말랐고 포도도 눈에 띄지 않았어요.

'도대체 어디서 냄새가 나는 걸까?'

여우는 고개를 갸웃거리며 포도나무를 몇 바퀴 돌았어요. 그사이 입안에 고인 침을 꿀꺽 삼키고 다시 입맛을 다셨어요.

걸음을 멈추고 나무를 한참 올려다보았어요. 가장 위로 뻗은 나뭇가지에 포도 한 송이가 탐스럽게 열려 있었어요. 포도는 햇살을 잘 받아 검붉은 색깔을 띠었어요. 머릿속에 포도의 맛이 그려졌어요.

'보나 마나 아주 맛있는 포도인걸.'

여우는 눈을 감았어요. 포도알을 하나 입에 넣는 상상을 했어요. 톡 터진 포도의 과즙이 새콤달콤하게 입안을 가득 채우는 상상만으로도 굶주림이 사라지는 듯했어요. 여우는 포도 맛을 좀 더 오래 느끼려고 쩝쩝 소리가 나게 입맛을 다셨어요.

더 이상 참을 수 없었어요. 하지만 포도는 너무 높은 곳에 달려 있었어요. 여우는 숨을 들이쉬고 제자리에서 껑충 뛰어올랐어요. 어림없었어요.

이번에는 나무를 잡고 흔들었어요. 오래된 포도나무는 끄덕도 하지 않았어요. 오히려 기운 빠진 여우가 풀밭으로 나가떨어졌어요.

한참 누워 있던 여우가 다시 일어났어요. 포도나무 위로 기어올라 가려고 줄기를 꽉 붙잡았어요. 그러나 몇 걸음 올라가기도 전에 주르륵 아래로 미끄러져 내렸어요. 발바닥에 나무 가시가 촘촘히 박혀 따끔거렸어요.

여우는 완전히 지쳤어요. 이러다간 정말 굶어 죽을 것 같았어요. 포도를 따 먹으려고 쓸데없이 보낸 시간이 아까웠어요. 차라리 숲 속에서 메추라기 알이나 찾을 걸 그랬다는 생각이 들었어요. 여우는 입맛을 다시며 힘없이 중얼거렸어요.

'보나 마나 저 포도는 단맛 하나 없이 시디시기만 한 포도일 거야.'

포도나무에서 멀어져 가는 여우의 걸음은 한없이 무거웠답니다.

예 동생이 내 장난감을 보며 입맛을 다셨다.

> ### 입술을 깨물다
> 북받치는 감정을 힘껏 참다. 어떤 결의를 굳게 하다.
>
> 관용구

 ## 쇠똥구리와 독수리

어느 날 토끼가 독수리에게 쫓기고 있었어. 토끼는 달아나다가 쇠똥구리를 보게 되었지.

"쇠똥구리야, 날 좀 도와줘."

쇠똥구리는 자기처럼 힘없고 작은 동물에게 부탁을 하는 토끼에게 감동을 받았어. 그래서 쇠똥구리는 독수리에게 간절히 부탁했지.

"독수리님, 제발 이번만은 토끼를 살려 주세요. 제가 머리 숙여 부탁드립니다."

하지만 독수리는 콧방귀를 뀌면서 토끼를 낚아챘어. 그러자 쇠똥구리는 입술을 깨물었어.

"내가 작고 보잘것없다고 독수리가 날 무시하는구나. 덩치는 작지만 내 의지만은 그렇지 않다는 걸 세상에 보여 주고 말 테다."

굳게 결심을 한 쇠똥구리는 독수리 둥지가 있는 절벽으로 몰래 기어올라갔어. 그리고는 독수리 알을 절벽 아래로 떨어뜨렸지.

둥지로 돌아온 독수리는 알이 없어진 걸 보고는 슬픔에 빠졌어. 하지만 입술을 깨물며 슬픔을 누르고, 다시 알을 낳았어. 그러자 쇠똥구리는 다시 절

벽으로 올라가서 독수리 알을 절벽으로 또 떨어뜨렸대.

쇠똥구리는 독수리가 알을 낳는 대로 독수리 알을 굴러 떨어뜨렸지. 독수리도 쇠똥구리 짓이라는 걸 알았지만, 어떻게 할 도리가 없었어. 그래서 제우스에게로 달려가 도와 달라고 했단다. 독수리는 제우스의 새이거든.

"딱하게 되었구나. 그렇다면 내 무릎에 알을 놓아라. 내가 네 알을 지켜 주마."

그래서 독수리는 제우스의 무릎에 둥지를 틀게 되었지.

그러자 쇠똥구리는 입술을 깨물었어. 이렇게 물러나면 모든 동물들이 쇠똥구리는 복수조차 제대로 하지 못하는 동물로 여길 게 분명했지. 쇠똥구리는 입술을 깨물며 어찌하면 좋을지 며칠을 궁리했단다. 그런 다음에는 제우스가 기대어 앉아 있는 나무 위로 쇠똥을 굴리며 올라갔지. 쇠똥구리는 나무 위 높은 곳에서 쇠똥을 떨어뜨렸어.

"이키! 이게 뭐야. 쇠똥이잖아."

깜짝 놀란 제우스는 벌떡 일어났단다. 그 바람에 제우스 무릎에 있던 독수리의 알도 바닥으로 떨어졌지. 모조리 깨져 버린 알을 보고 독수리는 슬피 울었지만 어찌할 수가 없었단다.

화가 난 제우스는 쇠똥구리를 한 철 동안은 땅 위 세상으로 나오지 못하게 했지. 쇠똥구리는 입술을 깨물었지만 제우스의 분노를 받아들여야만 했어. 독수리 역시 자존심이 상했지만 입술을 깨물며 참을 수밖에 없었지. 그때부터는 독수리는 쇠똥구리가 나타나는 계절을 피해 알을 낳는다고 한단다.

예 안중근 의사는 태극기를 가슴에 안고 입술을 깨물었어요.

> **입이 딱 벌어지다** `관용구`
>
> 몹시 놀라거나 기뻐하다.

 ## 어리석은 호랑이

호랑이가 먹잇감을 찾아 깊은 산속을 헤매고 있었어요. 이리 기웃 저리 기웃 돌아다녔지만 그날따라 그 흔한 토끼 한 마리도 보이지 않았어요. 어쩌다 보니 호랑이는 마을 근처 뒷산까지 내려오게 되었답니다.

어디선가 탁탁 나무 패는 소리가 들렸어요. 호랑이는 살금살금 기어갔어요. 소나무 숲에서 나무꾼이 도끼를 들고 나무를 하고 있었어요. 나무꾼은 소맷자락을 걷어붙이고 부지런히 나무를 했어요.

호랑이의 입이 딱 벌어졌어요. 나무꾼의 구릿빛 피부는 건강해 보였고, 통통하게 살이 올라 아주 먹음직스러웠어요. 호랑이의 입가에 군침이 저절로 흘렀어요.

'야아, 내가 오늘 횡재(橫財)했구나.'

호랑이는 어찌나 좋았는지 딱 벌어진 입을 다물 수 없었어요. 저도 모르게 웃음이 킥킥 흘러나왔어요. 아무리 참으려고 해도 웃음이 멈추지 않았어요.

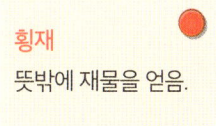

횡재
뜻밖에 재물을 얻음.

'웃음소리가 저 녀석 귀에 들리면 안 돼.'

까딱 잘못하다가는 나무꾼이 눈치채고 달아날지도 몰라요. 게다가 무시

무시하게 생긴 도끼를 들고 있으니 반대로 호랑이가 당할 수도 있어요. 도끼를 들고 달려드는 나무꾼을 상상하자 호랑이는 겁이 덜컥 났어요. 절대로 들키면 안 될 것 같았어요.

호랑이는 재빨리 그곳을 벗어났어요. 그리고 산 하나를 넘어 골짜기 아래로 가서 시원하게 웃음을 터뜨렸어요.

"으하하하."

호랑이는 데굴데굴 구르며 눈물이 찔끔 날 때까지 웃었어요. 한바탕 신나게 웃고 나니 배가 고팠어요. 이제 얼른 돌아가서 나무꾼을 잡아먹어야겠다고 생각했어요.

호랑이는 성큼성큼 내달렸어요. 뒷산 가까이 가서 걸음을 멈추고 귀를 기

울였어요. 도끼로 나무를 찍는 소리가 들리지 않았어요.

'나무를 다 하고 지게에 싣고 있나 보다.'

호랑이는 어떻게 할까 궁리하다가, 나무를 지고 가는 나무꾼을 뒤에서 덮치기로 했어요. 호랑이는 발톱을 치켜세우고 나무꾼이 놀라 까무러치도록 우렁찬 소리를 지르며 달려들었어요.

"어흥."

호랑이는 우뚝 멈춰 섰어요. 소나무 숲에는 아무도 없었어요. 나무꾼은커녕 생쥐 한 마리 보이지 않았어요. 나무꾼은 벌써 나무를 다 하고 마을로 내려가 버린 거예요.

호랑이는 허탈했어요. 화가 나서 자기 머리를 쥐어박기도 하고, 발톱으로 흙바닥을 후벼 파기도 했어요. 한참 동안 호랑이는 자신의 어리석음을 탓하다가 숲 속으로 어슬렁어슬렁 돌아갔답니다.

예 상장을 보고 엄마는 입이 딱 벌어졌어요.

> **속담**
>
> ## 자라 보고 놀란 가슴 솥뚜껑 보고 놀란다
> 한 번 크게 놀라면 비슷한 상황에만 놓여도 겁을 낸다.

 ## 고슴도치와 밤송이

　자라는 자랏과에 속하는 민물거북이에요. 자라는 화가 나면 상대를 꽉 물어 버린대요. 혹시 자라에게 물리면 억지로 자라를 떼어 놓으려고 하지 마세요. 한 번 물면 제 목이 잘려나가도 놓질 않는대요. 대신 물속에 담가 주면 그제야 입을 벌린다고 하네요. 자라의 턱 힘이 얼마나 매서우면 비슷하게 생긴 솥뚜껑만 봐도 놀란다는 속담이 생겼을까요? 비슷한 속담으로는 고슴도치한테 혼난 범이 밤송이 보고도 놀란다는 말이 있지요.

　옛날에 배고픈 호랑이가 있었대요. 며칠을 쫄쫄 굶어 호랑이는 눈알이 뱅글뱅글 돌 지경이었다지 뭐예요.

　"아, 오늘도 굶어야 하는가?" 하며 호랑이가 한숨을 푹 내쉬고 있는데, 그때 저 앞에 뭔가가 기어가지 않겠어요?

　"아이고, 좋아라."

　호랑이는 너무 기뻐 그 녀석을 가볍게 한입 꽉 물었지요.

　"앗! 따가워."

　고슴도치였어요. 뾰족한 가시는 호랑이 입안을 사정없이 찔러 댔죠. 호랑이는 입에 든 고슴도치를 내뱉고는 얼른 도망쳤어요. 한 번도 고슴도치를 본

적이 없었던 호랑이는 밤나무 밑에 쪼그리고 앉아 훌쩍훌쩍 울었답니다.

'그놈은 대체 뭔데 짐승의 왕인 나를 이렇게 혼내는 걸까?'

호랑이는 울면서도 골똘히 고슴도치에 대해 생각하고 있었죠.

그때 밤나무에서 밤송이가 "톡" 하고 떨어졌어요. 호랑이는 화들짝 놀랐어요. 아까 그 고슴도치가 돌아온 게 틀림없다 생각했어요.

"아이고, 아까는 제가 잘못했습니다. 용서해 주십시오."

호랑이는 이렇게 공손하게 머리를 숙여 사과했답니다. 그러고는 냉큼 더 멀리 도망을 가 버렸대요. 자라 보고 놀란 가슴 솥뚜껑 보고 놀란다더니, 정말 호랑이가 딱 그 꼴이죠?

자라 보고 놀란 가슴 솥뚜껑 보고 놀란다고, 귀신 꿈을 꾼 뒤로 흰 수건만 봐도 소름이 돋아.

③ 굳어진 문장: 관용구·속담

주먹을 불끈 쥐다

마음을 굳게 먹다.

`관용구`

 **동민이는 억울해**

교실에서 자리에 앉으러 들어가던 동민이가 뭔가에 걸려 갑자기 넘어졌어요. 석진이가 발을 걸어 넘어뜨린 것이었어요.

"야! 사람이 지나가는데 발을 걸면 어떻게 해?"

"내가 뭐? 지나가는 사람이 잘 보고 다녀야지."

석진이는 히죽히죽 웃으며 말했어요.

"뭐라고? 네가 일부러 발을 걸었잖아?"

동민이는 너무 화가 나서 석진이를 밀치며 말했어요.

그때 마침 선생님이 이 모습을 보았어요.

"이동민! 왜 석진이를 괴롭히고 그래?"

"석진이가 발을 걸어 넘어뜨렸다고요."

"아니에요. 동민이가 괜히 그러는 거예요."

"이동민! 이따 쉬는 시간에 교무실로 와. 알았어?"

선생님은 동민이의 말은 무시한 채 자신이 본 것만 믿었어요. 동민이는 억울했어요. 자기도 모르게 두 주먹을 불끈 쥐었어요. 무슨 얘기를 하는 줄도 모른 채 수업 시간이 지나갔어요.

수업이 끝나자 동민이는 교무실로 가려고 자리에서 일어났어요. 석진이는 동민이를 보고 혀를 내밀었어요. 동민이는 다시 한 번 주먹을 불끈 쥐었어요.

"이동민! 왜 석진이를 괴롭혔는지 얘기해 볼래?"

"말씀드렸잖아요. 제가 지나가는데 석진이가 제 발을 걸어 넘어뜨렸어요. 벌써 몇 번째라고요. 석진이는 쓰레기도 제 가방에 집어넣고 그런다고요."

"석진이가? 그 얌전한 모범생이 왜?"

선생님은 믿을 수 없다는 듯한 표정을 지었어요.

"그럼 제가 거짓말을 한다고 생각하세요?"

동민이는 불끈 쥔 두 주먹이 부르르 떨려 왔어요.

"아니, 그게 아니라…… 선생님은 지금까지 석진이가 누군가를 괴롭힌다는 말을 들어 보질 못했거든. 본 적도 없고. 늘 얌전하고 착해 보여서……."

"네. 맞아요. 석진이는 저만 괴롭히니까요."

사실 동민이는 석진이와 유치원 때부터 단짝이었어요. 하지만 언제부턴가 두 사람 사이는 틀어지기 시작했어요. 왜 이렇게 사이가 멀어졌는지 동민이도 답답하기만 했어요.

동민이 눈에서 또르르 눈물이 떨어졌어요. 선생님이 눈물을 닦아 주었어요.

"둘 사이에 뭔가 사연이 있나 보구나."

선생님 말에 불끈 쥐었던 동민이의 두 주먹이 스르르 풀어졌어요.

예 출발선에 선 우사인 볼트는 신기록을 다짐하며 주먹을 불끈 쥐었어요.

> **속담**
>
> # 쥐구멍에도 볕 들 날 있다
> 몹시 고생스러운 삶에도 좋은 날은 있다.

 나도 빛나고 싶어

민영이네는 집안 행사가 있을 때마다 모이는 식구들이 굉장히 많아요. 아빠의 형제자매가 무려 여섯이기 때문이지요.

그러다 보니 사촌 형제도 열 명이나 돼요. 민영이는 어릴 때부터 사촌 형제들과 노는 걸 아주 좋아했어요. 또래는 또래대로, 언니 오빠는 언니 오빠대로, 동생들은 동생대로, 함께 노는 재미가 있거든요.

하지만 지난해 할아버지 칠순(七旬) 잔치 때부터 집안 행사에 가는 게 점점 싫어졌어요. 그날따라 작은아버지랑 고모들은 할아버지께 자식 자랑을 늘어놓았어요. 아마 손주들이 얼마나 잘 자라고 있는지를 보여 주려고 했던 것 같아요.

> **칠순**
> 일흔 살.
>
> **리더십**
> 무리를 이끄는 지도력.

"아버지, 연희가 이번에도 회장이 됐어요. 워낙 리더십(leadership)이 강해서 회장을 놓치는 법이 없어요."

"영찬이가 수학 올림피아드에서 금상을 받았어요. 선생님도 수학 영재라고 칭찬을 많이 해 주세요."

"아버지, 만수가 영어 말하기 대회에서 대상을 받

왔어요."

사촌들 자랑이 이어지자 민영이는 점점 초조해졌어요. 민영이는 내세울 만한 거라고는 아무것도 없거든요.

"우리 민영이는 잘 먹고 잘 자고 잘 놀아요. 책 읽는 것도 좋아하고, 아주 아이답게 잘 크고 있어요."

아빠는 아무렇지도 않게 민영이 자랑을 늘어놓았어요.

하지만 민영이는 봤어요. 그 말을 들은 사촌 형제들이 마치 '그런 게 자랑이야?' 하듯 큭큭거리며 웃는 모습을요.

집에 돌아오는 내내 민영이는 기분이 좋지 않았어요. 그런 민영이를 보고 아빠가 물었죠.

"어이, 딸! 왜 그렇게 기분이 안 좋아?"

"왜 나는 잘하는 게 하나도 없는지 모르겠어."

민영이는 좀 전의 일을 떠올리자 자기도 모르게 눈물이 흘렀어요.

"무슨 소리야? 쥐구멍에도 볕 들 날이 있다고, 우리 딸에게도 좋은 날이 찾아올 테니 아무 걱정 마. 알았지?"

"그럼, 당연하지."

엄마도 옆에서 민영이를 응원했어요.

민영이는 늘 자신을 믿어 주는 엄마 아빠가 정말 고마웠어요.

그러던 어느 날이었어요.

민영이가 학교에서 독후감으로 대

상을 받았어요. 좋은 소식은 또 있었지요. 학교 대표로 도 대회에 나가 금상을 받았어요. 글쓰기 수업 같은 건 한 번도 해 보지 않았는데, 정말 뜻밖의 결과였지요.

"거 봐, 잘 먹고 잘 자고 잘 놀면서 좋아하는 책을 열심히 읽은 결과라고. 앞으로도 걱정 말고 지금처럼만 하면 돼."

민영이는 정말 자신을 비춘 빛을 발견한 기분이에요. 이 빛을 따라 가다 보면 더 큰 빛도 발견할 수 있겠죠?

> 예) 쥐구멍에도 볕 들 날 있는 법이니 지금 당장 잘 안 풀린다고 해서 너무 기죽지 마.

지렁이도 밟으면 꿈틀한다 `속담`

억눌려 지내는 사람이나 순한 사람이라도 지나치게 무시하면 가만있지 않는다.

 프랑스 국가에 숨은 뜻

월드컵 축구 중계 방송을 보던 경민이는 깜짝 놀랐어요.
경기 시작 전 프랑스 국가가 울려 퍼지는데, 가사가 너무 색달랐어요.

가자, 이 땅의 아들딸이여!
영광스런 날이 왔다!
폭군에 결연히 맞서
피 묻은 전쟁의 깃발을 내려라! 피 묻은 전쟁의 깃발을 내려라!
저 들에 울려 퍼지는
포악한 적군의 함성이 들리는가?
적들은 우리의 아내와 아이의 목을 조르려 하네!
무기를 들어라, 시민이여!
모두 앞장서라!
나가자, 나가자!
피 묻은 행진이여!
목마른 밭고랑에서!

"국가 가사가 전쟁터의 군가 같네요?"

경민이가 물었어요.

"무시무시하지?"

아빠가 그 까닭을 이야기해 주었어요.

"프랑스 대혁명이라고 들어 봤니? 18세기 말 프랑스는 재정 상태가 안 좋았어. 계속된 흉년으로 농민들은 먹고살기도 힘들었는데, 국가에서는 백성들의 고통은 무시한 채 세금을 거둬 갔어. 귀족들은 세금을 면제해 주고 말이야."

"너무해요."

"당시 국왕 루이 16세와 왕비 마리 앙투아네트는 백성들의 고통엔 관심이 없었어. 결국 이를 참지 못한 사람들이 들고일어나면서 혁명이 걷잡을 수 없이 번져 나갔어. 혁명이 오랜 기간 이어지면서 나라는 몹시 혼란스러워졌지. 주변 국가들은 자유·평등·박애라는 프랑스 대혁명 정신이 자신들의 나라로 번지는 걸 두려워했어. 그래서 프랑스를 공격했어. 이 노래는 그 과정에서 태어났지. 전쟁에 참여했던 군인들이 만들었거든. 혁명 속에서 또 그 혁명을 지키려는 전쟁 중에 만들어졌으니 살벌하게 느껴질 만하지."

경민이는 아빠가 해 주는 설명을 알 것 같기도 하고 모를 것 같기도 했어요. 아빠는 당연하다고 했어요. 4학년이 이해하기엔 너무 어려운 내용이래요.

"너, 지렁이도 밟으면 꿈틀한다는

말 알지? 아무리 순하고 약한 사람이라도 업신여기고 무시하면 반응하기 마련이야. 당시 프랑스 국왕 루이 16세와 귀족들은 자기네 이익만 챙기고 백성을 너무 탄압했지. 백성들은 더 이상 견디지 못할 지경에 이르자 죽기 아니면 까무러치기란 심정으로 들고일어난 거야. 다시 말해 프랑스 국왕이나 귀족은 지렁이도 밟으면 꿈틀한다는 사실을 모른 거지."

이제야 경민이는 좀 이해가 됐어요.

"혹시 쥐도 궁지에 몰리면 문다는 말이랑 비슷한 건가요?"

"응? 그런가? 그럴 수도 있겠는걸."

아빠는 경민이 말에 고개를 끄덕였어요.

예) 지렁이도 밟으면 꿈틀한다는 거 몰라? 아무리 약한 녀석이라도 화낼 줄 아니까 괴롭히지 말라고!

콧등이 시큰하다
관용구

어떤 일에 감격하거나 슬퍼서 눈물이 나오려 하다.

 ## 함께 가는 고래들

　나는 해양생물학자랍니다. 배 위에서 고래를 관찰하는 데 많은 시간을 보내지요. 또 고래는 지능이 높은 동물이에요. 고래는 어류가 아니라 포유류랍니다. 물고기처럼 알을 낳는 게 아니라 사람처럼 새끼를 낳아 젖을 먹여 키운다는 말이지요. 그럼 고래도 사람 같은 감성이 있을까요?

　얼마 전 한 고래 가족을 보았어요. 일고여덟 마리가 무리를 이루고 있었는데, 가운데 한 마리를 에워싸고 있었어요. 그건 마치 가운데 고래 한 마리를 나머지 고래들이 함께 들고 가는 것 같았어요. 특이한 모습이었죠. 곧 그 이유를 알 수 있었어요. 가운데 있는 고래가 크게 다친 듯했어요.

　고래는 물속에 사는 생물이긴 하지만 숨을 쉬기 위해서 수면 위로 올라와야만 해요. 다친 고래처럼 자기 몸을 가누기 힘들다면 헤엄은커녕 숨조차 쉬기 어렵겠지요.

　나는 다친 고래를 그냥 내버려 두지 않고, 애써 데리고 가는 고래 무리를 보자 저절로 콧등이 시큰해졌어요. 고래들은 차례로 다친 고래를 등에 업고 천천히 이동하고 있었어요. 다친 고래는 조금 쉰다고 해서 다시 스스로 움직일 것 같지 않았어요. 자꾸만 옆으로 미끄러져 내리는 걸 보면 벌써 죽었는

지도 모르지요. 하지만 무리는 포기하지 않고 계속 그 고래를 등에 업고 헤엄쳐 갔어요. 인간도 동물도, 자연계의 모든 생물체는 먹고 먹히는 순환 고리 속에 있어요. 늙거나 병든 생물은 어쩔 수 없이 다른 생물의 밥이 되어야만 해요. 결국 그 고래 무리도 동료의 죽음을 인정해야만 하는 순간이 오겠지요. 하지만 그들의 모습을 보니 정말 콧등이 시큰했답니다.

고래는 동료가 그물에 걸리면 그냥 구경하듯 보고만 있지 않아요. 동료가 위태로울 때 절대 혼자 내버려 두지 않지요. 사람도 생물학자의 눈으로 보면 동물과 별반 다르지 않아요. 때로는 힘들어 하는 친구에게 아무런 도움을 줄 수 없을 때가 있어요. 하지만 가만히 옆에 있어만 주어도 큰 위로가 될 거예요.

예 엄마가 휠체어에서 일어서는 걸 보자 콧등이 시큰했어요.

> **콧방귀를 뀌다** 관용구
> 아니꼽거나 못마땅하여 남의 말을 들은 체 만 체 대꾸도 않다.

 ## 선비의 소원

옛날 어느 고을에 불쌍한 사람을 그냥 지나치지 못하는 아주 착한 선비가 있었어요. 하루는 선비가 장에 갔다가 항아리에 담긴 잉어를 보았지요.

'하, 그 잉어, 크기도 하다…….'

그런데 잉어가 눈물을 뚝뚝 흘리는 것 같았어요. 착한 선비는 차마 그냥 지나치지 못했지요. 잉어를 사 가지고 선비는 마을에서 멀리 떨어진 강가로 갔어요.

"다시는 낚시꾼에게 걸리지 말고 오래 잘 살아라."

선비는 잉어를 강에 풀어 주었지요. 그러자 잉어는 마치 감사 인사라도 하듯 원을 빙빙 그리면서 한참을 돌다가 강물 속으로 사라졌답니다.

그날 밤 선비는 이상한 꿈을 꾸었어요. 꿈속에서 어떤 동자가 나오더니 자기가 용왕의 아들이라는 거예요. 세상 구경 나왔다 낚시에 걸려 죽게 되었는데 선비님이 살려 주었으니, 그 보답으로 소원을 들어주겠다는 거예요.

선비가 곰곰이 생각해 보니, 자기는 딱히 소원이 없었어요. 그때 문득 강이 멀어 마을 사람들 모두가 고생을 하고 있는 게 떠올랐어요. 그 마을은 물이 아주 귀했어요. 큰 강이 있긴 했는데 마을에서 아주 멀리 떨어져 있었지

요. 마을 사람들은 멀리 있는 강에서 물을 길어다 먹었어요. 그러다 보니 강에서 물을 떠다 파는 물장수도 있었어요. 그래서 선비는 강이 마을로 흘렀으면 참 좋겠다고 했지요. 그러자 동자는 몇 날 몇 시에 큰비가 내릴 터이니 모두 높은 산으로 몸을 피해 있으라고 했어요.

꿈에서 깨어나 보니, 예사로운 일 같지가 않았어요. 그래서 선비는 동네방네 돌아다니면서 몇 날 몇 시에 큰비가 내리니 산으로 피하라고 했어요. 하지만 사람들은 들은 척 만 척 콧방귀도 뀌지 않았어요.

"무슨 근거로 그런 이상한 소릴 하는 게요?"

"밤낮으로 책만 읽더니 정신이 나갔나 보오."

특히나 물장수들은 말이 씨가 된다며 자기들 장사를 다 망치려고 그런 소릴 하냐고 선비를 막 대했어요. 하지만 선비는 열심히 사람들을 설득했지요.

동네방네
온 동네.

밑져야 본전
손해 볼 건 아니니 한 번 해 보자는 뜻.

그래서 큰비가 오기로 한 날 어떤 사람은 밑져야 본전이다 하는 마음으로 산 위로 올라갔지만, 또 어떤 사람은 콧방귀만 뀌면서 비웃었어요. 그날부터 3일 동안 큰비가 쉬지도 않고 내렸대요. 비가 멈추고 산 위로 피난 갔던 사람들이 다시 마을로 내려와 보니, 강이 물줄기를 바꿔 마을 가운데로 흐르고 있더랍니다.

예 유에프오를 봤다는 영희의 말에 태영이가 콧방귀를 뀌었어요.

> **[속담]**
> ## 콩 심은 데 콩 나고 팥 심은 데 팥 난다
> 모든 일은 원인에 따라 거기에 어울리는 결과가 생긴다.

 콩밭인가 팥밭인가

한마을에 사는 김 서방과 이 서방은 무척 사이가 나빴어요. 서로 눈을 마주치는 것조차 싫어했어요. 멀리서 얼굴이 보이면 지름길을 눈앞에 두고 한참 돌아갈 정도였지요.

어느 해 김 서방과 이 서방은 뒷산 언덕 아래 임자 없는 묵정밭을 발견했어요. 모르는 결에 김 서방은 콩을 심고, 이 서방은 팥을 심었지요. 두 사람은 번갈아 가며 물과 거름을 주고 김을 맸어요.

하루는 김 서방이 묵정밭에 가다가 이 서방을 발견했어요.

"저놈 얼굴을 봤으니 오늘 재수 없겠군. 집에 들어가 낮잠이나 자야지."

다음 날 이 서방도 묵정밭 근처에서 김 서방을 보더니 땅에 침을 퉤퉤 뱉었어요.

"에이, 꼴 보기 싫은 놈. 오늘은 논에 가서 피나 뽑아야지."

먼저 본 사람이 서둘러 피했기 때문에, 김 서방과 이 서방은 같은 밭에 농사를 지으면서 얼굴 한번 마주친 적이 없었어요. 하지만 두 배의 노력이 들어간 농사라서 그런지 콩과 팥은 쑥쑥 자라났어요.

> **묵정밭**
> 오래 내버려 두어 거칠어진 밭.

가을이 되어 김 서방은 콩을 따러 갔다가 이 서방을 발견했어요.

"이보게, 이 서방. 이게 무슨 짓인가? 왜 남의 콩에 함부로 손을 대는가?"

"남의 콩이라니? 내 팥을 내가 따는데 자네가 웬 참견인가?"

서로 자기 콩이니 팥이니 떠들며 멱살을 흔들다가 결국 원님에게 갔어요. 원님 앞에서도 두 사람의 실랑이는 멈추지 않았어요. 차근차근 다 듣고 난 원님이 물었어요.

"김 서방은 콩을 심고, 이 서방은 팥을 심었단 말이지? 그런데 왜 콩 심은 데 팥이 나고, 팥 심은 데 콩이 났을꼬?"

원님이 무서운 얼굴로 명령했어요.

"김 서방은 콩을 따되 팥은 절대 건드리지 말게. 이 서방도 콩에 손끝 하나 대지 말고 팥을 따야 하네. 만약 이를 어기면 큰 벌을 내릴 것이야."

두 사람은 묵정밭으로 달려갔어요. 그러나 콩과 팥이 뒤섞여 있어 김 서방은 콩을 따다가 팥을 건드릴 수밖에 없었어요. 이 서방도 마찬가지였어요.

김 서방과 이 서방은 방법을 찾기 위해 머리를 맞대고 의논할 수밖에 없었어요.

"내가 딴 팥을 자네에게 줄 테니, 자네가 딴 콩을 내게 주는 게 어떻겠나?"

"거 좋은 방법이로군."

김 서방의 말에 이서방도 찬성했어요.

두 사람은 밭으로 들어가 콩과 팥을 땄어요. 어깨가 닿았지만 얼굴을 찡그리거나 화를 내지 않았어요. 엉덩이를 부딪치면 허허 웃기도 했어요. 한 밭에서 땀 흘리며 콩과 팥을 거두는 동안 두 사람은 점점 가까워졌어요. 스스럼없이 이야기를 나누기도 했어요.

> **스스럼없다**
> 조심스럽거나 부끄러운 마음이 없다.

"사실 나는 팥을 심었는데 왜 콩이 났을까 의아했네."

"나 역시 이상했다네. 하지만 콩 심은 데 콩 나고 팥 심은 데 팥 나는 법이지."

"그동안 못되게 굴어서 미안하네."

"아니, 사과는 내가 해야지. 내 속이 좁아서 그랬네."

해가 뉘엿할 때까지 묵정밭에서 두 사람의 목소리가 도란도란 들렸어요.

예) 콩 심은 데 콩 나고 팥 심은 데 팥 나는 법이야. 수빈이가 아무 이유도 없이 그랬겠어?

> ### 토를 달다 `관용구`
> 어떤 말끝에 그 말에 대하여 덧붙여 말하다. 말대꾸하다.

 훈장님과 아이들

옛날 어느 서당에 아주 엄격한 훈장님이 있었대요. 훈장님은 공부할 때면 단 한마디도 공부와 관련 없는 말은 하지 않았어요. 아이들은 공부하느라 숨도 쉬지 못할 지경이었지요.

그러던 어느 날이었어요. 훈장님은 그날도 아이들을 열심히 가르쳤죠.

"자! 따라 읽어 보아라. 공자님이 말씀하시길 학이시습지(學而時習之)면 불역열호(不亦說乎)아."

한 아이가 손을 번쩍 들며 말했어요.

"훈장님, 제 책에는 '학이시습지'와 '불역열호'라는 글자밖에 없습니다. '면'과 '아'라는 글자는 어디에 있습니까?"

훈장님은 수업 중에 질문하는 것을 좋아하지 않았어요.

"토(吐)를 달아 읽은 거란다."

그래서 시큰둥하게 대답해 주고는 얼른 공부를 하려고 했어요. 하지만 아이는 또 물었답니다.

"'면'과 '아'가 어떻게 토가 됩니까?"

훈장님은 어서 공부를 가르치고 싶어서 마음이 급했어요.

"학이시습, 불역열호'라고 하면 발음하기가 힘들지 않느냐? 글을 소리 내어 읽기 쉽게 하기 위해 우리말을 한자 뒤에 붙인다. 그걸 토를 단다고 하지."

그제야 아이는 "아, 그렇구나" 했답니다. 훈장님이 수염을 쓰다듬으면서 말했어요.

"'학이시습지면 불역열호아'라는 말은 '배우고 때때로 익히면 어찌 기쁘지 않겠느냐?'라는 말이다."

이때 또 다른 아이가 손을 들고 물었어요.

"그러니까 때때로 익히면 된다는 말이지요? 매일매일 하는 게 아니라?"

"예끼, 이놈. 공부를 어찌 설렁설렁한다는 말이냐? 때때로 익힌다는 것은 틈날 때마다 부지런히 익히라는 말이다."

그러자 또 다른 아이가 물었어요.

"익히다니요? 뭘 익힙니까? 감자를 익혀 먹나요? 고구마를 익혀 먹나요?"

"익힌다는 것은 삶아 먹으라는 소리가 아니다. 새끼 새가 스스로 날기 위해 혼자 날갯짓을 100번 하듯이 계속해서 반복 훈련한다는 뜻이지."

하지만 아이들은 또 훈장님 말꼬리를 잡고 늘어졌어요.

"새끼 새요? 새끼 새도 익혀 먹으면 맛있나요?"

훈장님은 갑자기 아이들이 엉뚱한 소리를 해 대자 어안이 벙벙했어요. 그제야 훈장님은 책에서 눈을 떼고 아이들을 지그시 바라보았어요. 아이들 눈에는 장난기가 가득했어요.

"오늘 너희들은 내 말에 자꾸 토를 달면서 말꼬리를 잡고 늘어지는구나. 대체 왜 그러냐?"

훈장님이 부드러운 목소리로 물어보자 아이들은 쑥스러운 듯 머리를 긁적였어요.

"어른들 말에 토를 달면 버릇없다고들 하지. 나는 너희들이 그런 장난은 안 했으면 좋겠다."

훈장님 말에 아이들은 혼이 날까 봐 기가 팍 죽었답니다. 하지만 훈장님은 그때서야 문득 아이들 마음을 알 것만 같았어요.

"내가 재미난 이야기 하나 해 주련?"

아이들은 "네!" 하고 큰 소리로 외쳤지요.

"토를 달다가 아주 혼쭐이 난 아이 이야기다. 그래도 좋으냐?"

물론이죠. 아이들은 어서 이야기를 해 달라고 졸랐어요. 훈장님은 아이들이 이처럼 눈을 반짝이는 걸 처음 보았답니다. 토를 단다고 혼낼 게 아니라 아이들 이야기를 들어 봐야겠다고 생각했지요. 쉽지는 않았지만 훈장님은 서서히 아이들 말에 귀를 열게 되었지요. 그러자 훈장님이 공부, 공부 하지 않아도 아이들 스스로 공부하고 있더래요.

예 우리 언니는 남과 얘기할 때 말끝마다 토를 다는 버릇이 있어.

> 속담
>
> ## 티끌 모아 태산
> 아무리 작은 것도 모으면 큰 덩어리가 된다.

 황금을 잃어버린 가난뱅이

아주 가난한 총각이 있었어요. 총각은 부자가 되겠다고 굳게 결심했지만 아무런 밑천도 없는 사람이 부자가 되는 일은 쉽지 않았어요. 그래서 총각은 한번 자기 손에 들어온 돈은 절대 쓰지 않기로 했답니다. 먹고 자고 입는 것에만 겨우 돈을 들일 뿐이었지요. 아무리 푼돈이라도 허투루 쓰지 않았고, 돈이 되는 일이라면 무슨 일이라도 했어요.

이렇게 몇 십 년을 한결같이 지내다 보니, 총각은 제법 돈을 모으게 되었어요. 티끌 모아 태산이라고, 푼돈이 모여 목돈이 된 것이죠.

총각은 이 돈을 어떻게 할까 고민했어요.

"장사를 해 볼까? 아니야, 혹시나 잘못되면 한순간에 사라질지도 몰라."

총각은 그러면 땅이나 집을 사 볼까 하는 생각도 잠시 했어요.

"아니야. 요즘은 경제 사정이 좋지 않다고 하잖아. 땅값이 갑자기 떨어지는 수도 있어!"

총각은 이런 고민을 하는 것도 행복했답니다.

허투루
아무렇게나 되는 대로. 함부로.

푼돈
적은 돈.

목돈
많은 돈.

"그래, 황금으로 바꾸는 게 제일 좋겠어!"

총각은 티끌 모아 태산을 만들듯이 모은 돈을 모두 황금으로 바꾸었어요. 그러고는 아무도 모르게 땅속에 황금을 숨겨 두었지요.

'이 황금으로 무얼 할까?'

때때로 황금이 묻힌 땅을 파면서 행복한 고민을 하는 게 사는 즐거움이었답니다.

그런데 하루는 총각이 황금이 묻힌 땅을 파 보니, 황금이 모두 사라지고 없었어요. 총각은 하늘이 무너지는 것만 같았어요. 총각이 그 자리에 앉아 엉엉 울고 있으니, 지나가는 사람이 물었답니다.

"대체 왜 그리 슬피 우시오?"

총각은 자신이 얼마나 힘들게 돈을 모아 황금으로 바꾸었는지, 그 황금을 보면서 얼마나 행복했었는지 이야기했습니다.

이야기를 잠자코 들어 주던 사내는 표정이 굳어지더니 차디찬 목소리로 이렇게 말했습니다.

"울지 말고 그 자리에 돌멩이를 묻어 두시오. 그리고 그 돌멩이를 황금이라 여기면 될 게 아니오? 어차피 쓰지도 못할 황금은 돌멩이와 무엇이 다르단 말이오?"

그 말은 들은 총각은 자신이 잃어버린 게 황금이 아니라는 것을 깨달았답니다.

총각은 너무 가난해서 부자가 되고 싶었지요. 부자가 되면 배불리 먹고, 좋은 옷을 입고 따뜻한 집에서 잘 수 있다 생각했으니까요. 결국 총각은 부자가 되었지만, 여전히 거친 음식과 허름한 옷과 쓰러져 가는 집에서 지내고 있었습니다. 한평생 돈 모으기에만 마음을 쏟다 보니, 그 돈으로 무엇을 하고 싶었는지조차 잊어버렸답니다. 총각이 잃어버린 것은 자신의 젊음과 꿈이었답니다.

예) 티끌 모아 태산이라는데 지금부터 저금하는 습관을 기르는 건 어떨까?

> **속담**
>
> ## 팔이 안으로 굽지 밖으로 굽나
> 사람이라면 누구나 자기와 가까운 사람을 더 챙겨 주기 마련이다.

 ## 미우나 고우나 우리 형

"너희들, 또 이렇게 싸울 거야?"

엄마가 참다못해 버럭 소리를 질렀어요. 재석이랑 형은 동시에 조용해졌지요. 엄마가 이렇게 큰소리로 야단을 칠 때는 정말 단단히 화가 났단 뜻이거든요.

재석이랑 형은 처음엔 사이좋게 새로 산 블록을 조립하고 있었지요. 그런데 만드는 방법을 두고 서로 의견이 맞지 않아서 티격태격하기 시작했어요.

"야, 이건 형이 조립할 테니까 넌 다른 거 가지고 놀아."

"왜? 왜 만날 형만 새걸로 조립하려고 하는데?"

결국 화가 난 재석이가 조립하고 있던 블록을 집어 던졌고, 그 블록이 서랍장 밑으로 들어가면서 싸움은 커지고 말았어요.

형은 목소리가 점점 높아졌고, 재석이는 울음을 터뜨리고 말았어요.

"너희는 형제간에 사이좋게 지내야지 만날 왜 싸우고 그러니? 블록 정리해서 치우고, 엄마가 해도 좋다고 하기 전까지는 블록엔 손도 대지 마!"

엄마가 방에서 나가자 재석이와 형은 서로를 노려보며 블록을 정리했어요.

"어휴, 형은 날 왜 이렇게 괴롭히는지 몰라. 형이 없으면 얼마나 좋을까!"

재석이는 신세타령을 하며 밖으로 나갔어요. 형이랑 같이 있고 싶지도 않았고, 친구들이랑 놀다 보면 기분이 좀 풀릴 것 같았거든요.

아이들이 늘 축구를 하는 가까운 동네 공원으로 갔어요. 역시 오늘도 모여서 축구를 하고 있었어요.

재석이는 아이들과 어울려 신나게 축구를 했어요. 그런데 한 학년 위인 형들이 몰려오더니 재석이와 친구들을 내쫓고 그 자리를 독차지하려고 했어요.

"이제부터 우리가 축구 해야 하니까, 너희들은 좀 비켜 주지?"

아이들은 다들 쭈뼛쭈뼛하며 한쪽으로 물러섰어요.

"형! 자리 넓으니까 우리도 옆에서 같이 할게요."

뒤늦게 축구를 시작해 아쉬웠던 재석이가 말했어요. 그러자 형들은 재석

이를 밀치며 툭툭 치기 시작했어요. 재석이는 얼마나 겁이 나는지 다리가 후들후들 떨려 그 자리에 주저앉고 말았어요.

그런데 이게 웬일일까요? 잠시 뒤 형이 달려왔어요. 재석이가 운동장 한쪽으로 몰리고 있을 때 날쌘돌이 원경이가 재석이 형한테 달려가 상황을 다 이야기했대요.

형은 재석이와 친구들을 괴롭혔던 한 학년 위의 형들을 모아 놓고 야단을 치기 시작했어요. 한 학년 위의 형들은 두 살이나 많은 재석이 형한테는 꼼짝도 못했어요.

"형, 고마워. 난 형이 나를 미워하는 줄 알았는데……."

"무슨 말이야? 팔은 안으로 굽는 법이란 말 몰라? 미우나 고우나 내 동생인데 무조건 도와줘야지."

오늘은 형이 무척이나 밉기도 하고 자랑스럽기도 한 날이었습니다.

예 팔이 안으로 굽지 밖으로 굽나? 우리 엄마는 그래도 내 편이 되어 줄 거야.

풀 죽다

기운이 꺾여 시무룩하다. 풀기가 빠져서 빳빳하지 않다.

 생명을 기른다는 것

"이윤재, 강아지 똥오줌 가리는 훈련이랑 목욕은 네가 맡기로 했지? 근데 이게 뭐니? 네가 집에 없을 때는 엄마가 알아서 하지만 집에 있을 때는 강아지가 아무 데나 똥오줌을 싸면 치워야지. 목욕도 시키고 말이야."

윤재는 엄마의 꾸중에 그만 풀이 죽었어요. 강아지를 기르는 일이 점점 자신이 없어졌어요.

집에서 강아지를 기르게 된 건 순전히 윤재 때문이었어요. 엄마 아빠 형까지, 모든 식구들이 강아지를 반대했어요. 하지만 윤재는 예쁜 강아지를 꼭 데려오고 싶었어요.

"강아지는 장난감이 아니라 생명이야. 생명을 기르는 일에는 책임이 따르는 거라고."

"자신 있어요. 제가 다 알아서 할게요. 제발!"

윤재는 조르고 졸라서 겨우 소원을 이루었어요.

"대신 네가 집에 있는 시간엔 직접 강아지를 돌봐야 해. 강아지가 아무 데나 똥오줌을 싸면 치우고, 훈련도 시키고, 일주일에 한 번씩 목욕도 시키고. 알았지?"

윤재는 자신 있었어요. 어차피 학교와 학원에 가야 하니까 강아지를 돌볼 시간이 그리 많지 않을 테니, 힘들 것도 없을 거라 생각했어요.

　그런데 강아지를 돌보는 건 생각처럼 쉽지 않았어요. 강아지는 계속 아무 데나 똥오줌을 쌌어요. 목욕을 시키는 것도 만만치가 않았어요. 딱 두 번 하고 나니 더 이상 목욕을 시키고 싶은 마음이 사라졌어요.

　윤재는 언제부턴가 토요일 일요일이 겁나기 시작했어요. 집에 있는 시간이 많은 토요일 일요일에는 강아지를 돌볼 일이 많기 때문이지요. 엄마 눈치를 보며 밖으로 나갈 궁리만 하게 됐어요.

　처음엔 엄마도 모른 척 눈감아 줄 때가 있었지요. 하지만 결국 윤재가 강

아지 돌보는 일을 자꾸 피하는 걸 보고는 잔소리를 하기 시작했어요.

처음엔 엄마의 잔소리가 그냥 귀찮기만 했어요. 문제는 엄마의 잔소리가 틀린 게 하나도 없다는 사실이죠. 생명을 기를 땐 책임을 져야 한다는 사실에 윤재도 공감을 했으니까요. 그러나 이 모든 것을 머리로만 공감할 뿐, 몸은 여전히 강아지 돌보는 걸 어려워했어요. 윤재는 이런 자신의 모습을 확인할 때마다 풀이 죽었어요.

때때로 윤재는 강아지에게 화풀이를 하기도 했어요. 아무 데나 똥오줌을 누는 강아지를 한 대 때려 주기도 했죠. 그러자 차차 강아지도 윤재만 보면 풀이 죽어 꼬리를 감춘 채 낑낑대기 시작했어요.

엄마는 그것을 눈치채고, 윤재를 야단쳤어요. 윤재는 또다시 풀이 죽고 말았어요. 윤재는 엄마한테 야단맞아 풀 죽고, 강아지는 윤재 때문에 풀 죽고……. 과연 어떻게 하는 게 좋을까요?

예 겨우 1점 차이야, 풀 죽어 있지 마!

> **피부로 느끼다**
> 몸소 경험하다.
>
> 관용구

 엄마 아빠 없는 밤

"둘이서 잘할 수 있지?"

"네. 걱정 마세요."

오늘은 토요일. 엄마 아빠 없이 아롱이 초롱이 둘이서 지내게 됐어요. 엄마 아빠는 친구들 모임에 갔어요. 아주 친한 친구가 몇 년 만에 외국에서 돌아왔대요. 그래서 친구들과 하룻밤을 묵으며 그동안 못다 한 이야기를 하기로 했다나요?

"밥 먹으면 설거지 잘해 놓고, 다 쓴 물건은 원위치에 가져다 두고……. 잘할 수 있지?"

엄마가 말했어요.

"네!"

아롱이가 대답했어요. 동생 초롱이가 있으니 문제없다고 생각했지요.

"가스 밸브 잠그고, 문단속 잘하고, 자기 전에 필요 없는 불은 잘 끄고……. 알고 있지?"

아빠도 말했지요.

"네!"

초롱이도 자신 있게 대답했어요. 언니가 있으니 걱정할 건 하나도 없다고 생각했지요. 이제 둘만 남았어요.

"우리 오늘 밤새도록 놀까?"

"좋아!"

처음엔 아주 재미있었어요. 텔레비전도 맘껏 보고, 조각 퍼즐도 맞추고, 엄마 옷장을 열어 패션쇼도 하고요. 밥을 다 먹고도 한밤중에 끓여 먹는 라면 맛은 더욱 기가 막혔지요. 이제 컴퓨터 게임에 열을 올릴 차례! 한데 열두 시가 지나서일까요? 갑자기 졸음이 몰려왔어요.

다음 날 아침, 아롱이가 먼저 눈을 떴어요.

'세상에 도둑이 들었나 봐!'

온 집안에 불이 환히 켜 있고, 텔레비전은 시끄럽고, 장롱마다 문이 활짝 열려 있고, 현관은 걸쇠가 풀린 상태였어요. 눈으로만 살금살금 집을 살피던 아롱이는 차차 정신이 들었어요. 지난밤 둘이 한 일이 모두 떠올랐지요.

"초롱아, 일어나. 엄마 아빠가 금방 오실 거야!"

"뭐?"

늑장을 부리는 초롱이를 깨우던 아롱이는 갑자기 엄마 생각이 났어요. 엄마가 집에 있었더라면 아롱이와 초롱이는 밥을 먹고 느긋하게 뒹굴거릴 시간이었거든요. 하지만 이제

는 움직여야 할 때예요.

설거지하고 청소하면서 아롱이는 피부로 느꼈어요.

'엄마는 아무도 시키지 않는 일을 모두 척척 하시는구나. 힘드시겠다.'

현관문 걸쇠를 걸고 가스 밸브를 잠그면서 초롱이도 피부로 느꼈어요.

'아빠는 매일매일 우리 집이 안전한지 살펴보셨구나.'

겨우 청소와 정리가 끝났어요. 바닥에 누워 뒹구는 기분은 어젯밤과 비교할 수 없을 만큼 개운했어요.

"아, 일하고 난 뒤 휴식은 꿀맛이구나!"

"정말 그래!"

아롱이와 초롱이는 그 기분을 피부로 느꼈어요.

그리고 또 한 가지를 깨달았답니다. 사소해 보이는 일들을 스스로 책임질 때 진짜 자유를 누릴 수 있다는 것을요.

예 직업체험을 해 보니 내 적성에 맞는 일이 무엇인지 피부로 느낄 수 있었어.

> ### 핑계가 좋아서 사돈네 집에 간다
> 속마음을 감추고 다른 이유를 둘러댄다.
>
> 속담

 가랑비와 이슬비

옛날 어느 마을에 홀아비가 자식들을 키우면서 힘들게 살았대. 아내 없는 홀아비 신세도 처량한데 어린 자식들을 키우자니 얼마나 고생을 했겠어. 그런데 자식들이 다 커서 시집 장가를 가니 홀아비는 그렇게 좋을 수가 없는 거야. 게다가 집에 며느리가 들어와서, 홀아비는 아주 마음이 든든했단다.

"애야, 아가, 며늘아가" 하고 부르면 며느리는 공손하게 달려와 "예, 아버님" 하면서 대답했지. 또 하루 세끼 며느리가 정성껏 차려 주는 밥상을 받아먹는 것도 너무 좋았어. 하루는 홀아비가 짚신을 팔러 시장에 갔는데, 우연히 짚신을 사러 온 사돈을 만났지 뭐야.

"사돈어른, 그간 안녕하셨습니까?"

두 사람은 서로 깍듯하게 인사를 하며 어찌 지냈는지 안부를 물었지. 홀아비는 팔러 나온 짚신을 사돈에게 그냥 공짜로 주었어. 그러자 사돈은 너무 고마워하며 꼭 자기 집에 한번 놀러 오라는 거야.

"집도 멀지 않은데, 한번 놀러 오십시오. 사돈끼리 가깝게 지내면 얼마나 좋습니까?"

사돈이 하도 부탁을 하니까 홀아비는 사돈네에 놀러 갔지. 그러니까 그 사돈네에서 아주 반갑게 맞이해 주는 거야. 맛있는 반찬에, 밥도 많이 주고, 귀한 과일도 내어 주고, 옷도 선물해 주네. 사돈네에서 손님 대접을 잘해 주니까 홀아비는 좋기만 했지.

그러다 보니 이 핑계 저 핑계 대면서 사돈네에 놀러 갈 구실을 찾았어. 하루는 "짚을 꼬아 짚신 만드는 법을 가르쳐 주러 가야겠다" 하며 핑계를 대기도 하고, 또 하루는 "사돈이 바둑을 좋아하니, 내가 바둑 친구가 되어 주어야겠다"며 찾아가기도 했지. 사돈네 가면 대접을 잘 받는 게 너무 좋았거든. 그러니까 마을 사람들이 홀아비를 말렸지. 아무리 사돈이라지만 그리 자주 찾아가면 좋아하지 않을 거라고 말이야.

"아휴, 이 사람아. 나도 체면이라는 게 있는 사람인

> **핑계**
> 옳은 일로 보이게 하려고 공연히 내세우는 구실.

데, 어디 내가 좋아서 가는 줄 아는가. 사돈이 감을 몹시도 좋아하는데, 그 집에는 감나무가 없더구먼. 그러니 맛이라도 좀 보라고 갖다 드리려는 걸세."

홀아비는 이리 말하며 사돈네로 갔지.

"참말로 핑계가 좋아서 사돈네 집에 가는구먼."

마을 사람들은 이리 말했어.

한편 사돈네에서도 속으로는 홀아비가 너무 귀찮았지만, 차마 푸대접은 할 수가 없는 거야. 처음에는 정말 잘해 주고 싶었지. 하지만 날이 갈수록 드나드는 횟수도 많아지고, 집안일에 대해 이러쿵저러쿵 말하는 것도 싫었어. 하지만 어떻게 "이제 그만 오시오" 하는 소리를 하겠어. 그러던 어느 날 홀아비가 또 사돈네에 와서 죽치고 앉아 놀고 있는데, 비가 주룩주룩 내리네.

"이런, 가라고 가랑비가 내리는군요."

사돈이 이리 말하자 홀아비는 고개를 흔들면서 이리 말했지.

"가랑비가 아니라 이슬비지요. 있으라고 이슬비가 내리는군요."

끙…… 대체 이 홀아비를 어떡하면 좋을까?

예 핑계가 좋아서 사돈네 집에 간다더니, 너 좋아하는 여자애 때문에 학원 보내 달라고 하는 거지?

> **하늘 높은 줄 모르다** `관용구`
> 물가가 치솟다. 높이 솟다. 분수를 모르다.

 어느 특별한 명절

며칠 뒤면 추석이에요. 주원이는 엄마랑 추석 상 차릴 장을 보러 시장에 나갔지요.

"휴, 정말 물가가 하늘 높은 줄 모르고 뛰네."

장을 보던 엄마가 한숨을 쉬며 말했어요.

"하늘 높은 줄 모른다고요?"

"그래. 물가가 얼마나 뛰는지 하늘까지 닿을 기세야. 10만 원 가지고는 몇 가지 사지도 못하겠어. 그래도 전통시장이 마트보다 좀 싼 편인데도 말이야."

엄마 얼굴이 근심으로 가득했어요. 추석엔 모든 사람들이 풍성해지는 줄 알았는데, 그렇지 않은 사람도 있다는 걸 주원이는 처음 알았어요.

"에고, 적게 산다고 샀는데도 예산을 훌쩍 초과했네."

주원이는 엄마의 한숨 소리에 덩달아 기운이 빠졌어요. 추석 연휴라 신났던 마음이 싹 사라지고 말았지요.

추석날이었어요. 가까운 친척들이 모여서 차례를 지내고 음식을 나눠 먹었어요.

모두 음식이 맛있다며 난리였어요. 그야말로 인기가 하늘 높은 줄 몰랐죠.

엄마 얼굴에 미소가 번졌어요.

"엄마는 명절이 제일 괴롭다, 괴로워."

엄마는 추석 음식을 준비하며 이렇게 말하곤 했어요. 하지만 사람들이 모두 음식을 맛있게 먹는 걸 보니 괴롭던 마음도 다 잊어버렸나 봐요.

"너무 잘 먹었어요. 이제 좀 쉬세요. 저희가 뒷마무리는 깨끗이 할게요."

친척들이 모두 나서서 설거지랑 뒷마무리를 하고 헤어졌어요.

"이제 다 끝났나? 그럼 조금만 쉬었다가 외갓집에 가지."

아빠 말에 엄마가 미소를 지었지요.

외갓집은 집에서 차로 두 시간 정도 걸려요. 주원이도 오랜만에 가는 외갓집이라 아주 설렜어요. 외할머니는 주원이를 아주 예뻐하거든요.

외갓집에 가져갈 선물을 들고 주차장으로 가는데, 같은 반 미현이를 만났어요. 미현이네는 멋지게 차려입고 짐을 한가득 들고 있었죠.

"너희도 외갓집 가니?"

"추석 연휴가 얼마나 긴데 시시하게 외갓집에 가니? 우린 발리(Bali)에 가는데."

또 시작이에요. 미현이는 '잘난척 대마왕'이에요. 처음엔 예쁘고 공부도 잘해서 선생님도 좋아하고 아이들도 좋아했는데, 그러다 보니 점점 건방져졌어요. 요즘엔 '잘난척 대마왕'이라고 아이들이 수군대지만 미현이는 자기가 그렇게 불리는 걸 모르나 봐요. 점점 건방이 하늘을 찌를 듯 심해지는 걸 보면 말이에요.

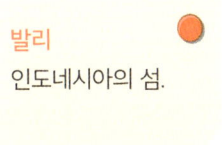
발리
인도네시아의 섬.

"아, 됐다 됐어. 발리든 어디든 잘 갔다 와라. 나는 외갓집 가서 신나게 놀다 올 테니까."

주원이가 시답지 않게 대답하자 미현이는 기분이 상했는지 휭하니 가 버렸어요. 주원이도 기분이 좋지만은 않았어요. 외할머니를 만날 생각에 곧 기분이 좋아져 다행이에요.

> 예 하늘 높은 줄 모르고 치솟는 자신감 때문에 민정이는 큰 실수를 하고 말았다.

> ### 하늘의 별 따기
> 바라는 바를 이루기가 무척 어려운 경우.
>
> 속담

 우리 모두는 잘하는 게 달라

"휴……."

미균이는 한숨이 절로 나왔어요. 오늘은 그림 숙제가 있는 날이거든요.

미균이의 그림 실력은 아주 형편없어요. 머릿속으로는 늘 멋진 장면이 떠오르는데, 막상 그림을 그리면 아주 이상한 모습이 되고 말아요. 미균이에게 그림을 잘 그린다는 건 하늘의 별 따기만큼이나 어려운 일이에요.

그런데 세상은 참 불공평한 것 같아요. 같은 자매인데도 언니는 그림을 아주 잘 그리거든요. 그림을 그렸다 하면 사람들의 칭찬이 쏟아져요. 미술대회에 나가면 상을 안 받아 온 적이 없어요. 그림을 그린다는 건 미균이한테는 '하늘의 별 따기', 언니한테는 '땅 짚고 헤엄치기'인 거지요.

미균이는 집에 오자마자 그림 그릴 준비를 하고 의자에 앉았어요. 오늘 그려야 할 건 '독서의 달' 포스터예요.

미균이는 특히나 포스터를 어려워해요. 창의력이 부족한 건지, 미균이 스스로 생각해도 너무 뻔한 장면만 떠올라요. 게다가 아무리 그림을 크게 그리려 해도 그리고 나면 그림이 너무 작아요. 커다란 도화

> **땅 짚고 헤엄치기**
> 매우 쉽게 할 수 있는 일.

지에 작게 그린 그림은 포스터로는 빵점인 걸 미균이도 알아요. 하지만 쉽지가 않아요. 아마도 미균이가 그림에 자신 없어 하는 게 도화지 위에 그대로 드러나는 걸 거예요.

　미균이는 거의 자포자기한 심정으로 포스터를 그리고 방에서 나왔어요.

　언니가 식탁에 심각한 모습으로 앉아서 뭔가를 하고 있었어요.

　"뭐해?"

　"야, 말 시키지 마!"

　미균이가 슬쩍 보니 언니는 글쓰기 숙제를 하고 있었어요. 이럴 땐 언니에게 가까이 가지 않는 게 최고예요. 언니는 글을 쓸 때면 신경이 예민해질 대로 예민해지거든요. 미균이가 그림 그리기를 하늘의 별 따기만큼 어려워한다면, 언니는 글쓰기를 하늘의 별 따기만큼 어려워해요.

　미균이는 언제 언니의 짜증이 폭발할지 몰라 얼른 방으로 들어갔어요. 다른 날 같으면 언니가 이렇게 짜증을 낼 때면 미균이도 짜증이 날 텐데, 오늘은 그렇지 않았어요. 괜히 웃음이 났어요.

　사실 포스터를 그리는 동안엔 그림 잘 그리는 언니를 무척이나 부러워했거든요. '언니는 잘 그리는데 나는 왜 이렇게 못 그릴까?' 하며 말이에요.

　그런데 지금 글쓰기 때문에 골머리를 썩고 있는 언니를 보니, 사람은 저마다 잘하는 것과 못하는 게 다르다는 생각이 들었어요. 미균이에게 글쓰기는 땅 짚고 헤엄치기만큼이나 쉽거든요. 언니에겐 반대로 그림 그리기가 땅 짚고 헤엄치기만큼 쉬울 테고요.

　미균이는 오랜만에 독후감을 써 보기로 했어요. 오늘은 어쩐지 독후감이 잘 써질 것 같았어요.

예) 이 겨울에 수박을 구한다는 건 하늘의 별 따기만큼이나 어려운 일이야.

> ### 한 귀로 듣고 한 귀로 흘리다
> 남의 말을 귀담아듣지 않는다.
>
> 속담

 정승 아들과 소의 공부 대결

옛날에 나라를 쥐락펴락하는 정승이 있었대. 정승의 말 한마디면 하늘을 나는 새도 뚝 떨어질 지경이었대. 권력이면 권력, 돈이면 돈, 뭐 하나 남부러울 것 없는 사람이었지만, 정승에게도 걱정은 있었지. 바로 공부하기 싫어하는 아들이었어.

정승은 아들을 번듯하게 잘 키우고 싶었지만, 아들은 그렇지 않았어. 어릴 때부터 부족한 것 없이 자라다 보니 자신이 왜 그 어려운 공부를 해야 하는지 몰랐어. 하고 싶지도 않았지. 하지만 정승은 아들이 공부를 못하는 게 모두 선생님 탓이라 생각했어.

"선생이 못나 내 아이를 망치고 있는 게 틀림없어."

그래서 정승은 자신의 아들을 가르쳐 줄 새로운 선생님을 구했지. 새로 온 선생님은 지극정성으로 가르쳤지만, 정승 아들은 선생님 말을 한 귀로 듣고 한 귀로 흘려 버렸어. 어디 그뿐인가. 마치

선생님을 제 하인처럼 여기기도 했어.

화가 난 선생님이 소리쳤어.

"이 소만도 못한 녀석아. 내가 석 달을 한결같이 가르쳤건만 너는 어찌 단 한 글자도 외우지 못하느냐?"

선생님이 화를 내자 아들은 정승에게 쪼르르 달려가 일러바쳤어.

"아버지, 선생님이 나를 소만도 못한 녀석이라고 마구 혼내요. 그러니 내가 어찌 공부하고 싶은 마음이 들겠어요?"

아들 말을 들은 정승은 불같이 화를 냈어. 하지만 선생님도 물러서지 않았지.

"제아무리 좋은 말을 들려주어도, 한 귀로 듣고 한 귀로 흘려듣는 사람이 아드님이오. 그 버릇부터 고쳐야만 공부할 수 있을 겁니다."

정승은 아들을 혼낸 선생님을 벌주려고 이미 맘을 먹고 있었어. 선생님 말이 아무 소용도 없었단다.

"내가 화를 내는 건 자네가 우리 아들을 소만도 못하다고 했기 때문일세. 소가 우리 아들보다 낫다는 걸 증명하지 못하면 자네는 목숨을 내놓아야 할 게야."

"좋소이다. 내 석 달 열흘 동안 아드님께 하늘과 땅에 대해 가르쳤으나, 아드님은 알지 못했소. 소는 석 달 열흘이면 하늘과 땅에 대해 알 것이오."

선생님은 큰소리를 쳤지. 그러고는 석 달 열흘 동안 소를 가르치기 시작했어. 고삐를 위로 당기면서 '하늘' 하고 말하면 소는 고삐가 끄는 대로 하늘을 쳐다보았지. 또 고삐를 아래로 당기면서 '땅' 하면 소는 아래로 고개를 숙였어.

약속한 석 달 열흘이 지났어. 외양간은 정승 아들과 소의 공부 대결을 보러 온 사람들로 가득 찼어.

선생님이 외쳤어.

"하늘!"

그러자 소는 또 고삐를 당기는가 싶어 하늘을 쳐다보는 거야.

"땅!"

이번에는 소가 고개를 숙여 땅을 쳐다보았지.

그러자 정승 얼굴이 벌게졌단다.

"남의 말을 한 귀로 듣고 한 귀로 흘리지 마시고, 제발 소중히 새겨들으십시오."

선생님은 이렇게 말하고는 어디론가 가 버렸대. 그 이후로는 어떤 선생님도 정승 아들을 가르치려고 하지 않았어. 정승 아들만 더 바보가 됐지 뭐야.

예) 엄마가 하는 말을 한 귀로 듣고 한 귀로 흘리지 마.

> ### 한 입으로 두말하기
> 한 가지 일에 대하여 말을 이렇게 했다 저렇게 했다 함.
>
> 속담

 ## 스님과 농부의 내기

무더운 여름이었지. 어느 스님이 마을에 시주를 나갔다 돌아오는 길이었어. 날이 워낙 더워서 나무 그늘에서 잠시 쉬었다 가기로 했단다. 그곳에는 소가 풀을 뜯고 있었어. 들에 일하러 나온 농부도 잠시 쉬고 있었던 거지. 스님과 농부는 서로 인사한 후에 이런저런 이야기를 나누었어.

"날이 너무 덥군요."

"비가 안 와서 큰일입니다. 비가 내려야 벼가 쑥쑥 자랄 것인데."

농부가 한숨을 쉬며 말하자 스님은 입고 있던 옷을 만지더니 이리 말했어.

"너무 걱정 마십시오. 오늘은 비가 조금 오겠네요."

그러자 농부는 쨍쨍 내리쬐는 해를 보며 웃었어.

"해가 저리 쨍쨍하고, 구름 한 점 없는데 무슨 비가 오겠습니까. 말도 안 됩니다."

하지만 스님은 빙긋 웃으며 말했지.

"큰비는 아니지만 짧게나마 비가 쏟아진다니까요."

농부는 어이없어 하다가 스님이 하도 장담(壯談)을 하니까 그럼 내기를 하자고 했어. 스님도 좋다고 했지.

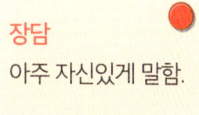

장담
아주 자신있게 말함.

농부는 소를 가리키며 말했어.

"비가 오면 나는 저 소를 드리리다."

스님은 등에 짊어진 쌀자루를 내려놓으며 말했지.

"그럼 저는 이 쌀자루를 드리리다."

"한 입으로 두말하기 없습니다. 스님. 약속은 꼭 지키십시오."

"예, 수행하는 중이 어찌 한 입으로 두말을 하오리까. 걱정 마십시오."

스님과 농부는 서로 자신의 말을 꼭 지키기로 했단다.

그런데 잠시 후 구름이 뭉게뭉게 피어오르더니 비가 후드득 쏟아지는 게 아니겠니. 농부는 울상을 지었지. 하지만 농부는 자신의 약속을 소중히 여기는 사람이었어.

"저 소를 끌고 가십시오."

그러자 스님은 허허 웃으며 소를 잠시 끌고 갔다 돌아왔어.

"한 입으로 두말하지 않고 약속을 지키시다니 참으로 놀랐습니다. 저 역시 소를 받았으니, 한 입으로 두말하지 않은 셈입니다. 하지만 중에게 어찌 소가 필요하겠습니까? 농부님에게 소를 다시 돌려드리지요."

섣부른 내기로 소를 잃었다가 다시 돌려받은 농부는 뛸 듯이 기뻤지.

"참으로 감사합니다. 그나저나 참으로 법력이 높은 스님인 게 분명하시군요."

그러자 스님은 빙그레 웃었단다.

"아닙니다. 그저 제 옷을 만져 보니 눅눅해져 있더군요. 스님들은 빨래를 자주 하지 않아 옷이 늘 땀투성이랍니다. 땀은 곧 소금인지라 눅눅해지면 반드시 비가 오더군요. 그래서 알았을 뿐입니다."

이리 말하고는 훌쩍 떠나 버렸대.

이런 일이 있고 나서부터 여름철에 갑자기 쏟아지는 비를 '소 내기'라고 부르다가 '소나기'라고 부르게 되었대.

예 장난감 빌려준다며! 어떻게 한 입으로 두말하냐?

관용구

허리를 펴다
어려운 고비를 넘기고 편하게 지낼 수 있게 되다.

소가 된 아이

옛날에 어느 스님이 부모를 잃은 어린아이를 보게 되었어. 스님은 그 가엾은 아이를 데리고 와서 키웠지. 아이는 착하고 똑똑했어. 그래서 스님이 아이를 더욱 예뻐하면서 잘 가르쳤지. 아이는 워낙 똑똑해서 곧잘 스님 심부름도 했단다.

그러던 어느 날 아이가 심부름을 나갔다가 돌아오는 길에 누렇게 잘 익은 벼를 보게 되었어. 아이는 그 벼 줄기를 세 개 끊어 가지고 돌아왔단다. 스님이 그걸 보고 왜 벼 줄기를 잘라 가지고 왔냐고 물었어.

"벼가 익어 고개를 푹 숙이고 있는 모습을 보니, 벼에 낟알이 몇 개나 붙어 있나 궁금해서 끊어 왔습니다."

그러자 스님이 불같이 화를 냈어.

"농사를 짓는 게 얼마나 힘든 일인 줄 아느냐? 농사꾼이 허리가 부러지도록 일한 덕분에 우리가 그 쌀을 먹게 되는 것이다."

아이는 스님이 너무한다 싶어서 입을 부루퉁하게 내밀었어.

"힘들게 일해서 키운 벼를 네가 끊어 왔으니 네 죄

● **허리가 부러지다**
일이 견디기 힘들 정도로 고되거나 힘들다.

가 크다. 내가 너를 소로 만들 터이니, 그 벼 농사꾼의 집에 가서 3년 동안 일해 주거라."

스님이 주문을 외우자 아이는 소로 변해 버렸어.

소가 된 아이는 어쩔 수 없이 농사꾼의 집으로 찾아갔지. 농사꾼은 웬 소가 '음매' 하면서 우니까 어안이 벙벙했지만 집으로 데리고 갔어. 소를 찾는 사람도 없고 하니, 농사꾼은 소를 데리고 농사를 아주 잘 지었단다.

소가 된 아이는 정말 말 그대로 허리 한번 펴지 못하고 죽도록 일만 했단다. 밭도 갈고, 논도 갈고, 무거운 짐도 나르며 농사를 지었어. 코뚜레가 걸린 코에서는 피가 나고, 발굽은 갈라져 쓰라리고, 목덜미는 멍에를 지느라 반질반질해졌지. 그렇게 3년이 지나자 스님이 찾아왔어.

"이 소가 일을 잘합니까?"

농사꾼은 흐뭇하게 웃으며 대답했지.

"잘 하다마다요. 이 소가 있어서 제가 허리를 펴고 지냈답니다."

그러자 스님이 주문을 외고 소는 다시 아이로 변했단다. 농사꾼이 기겁을 하면서 이게 어찌된 일이냐고 물었지. 스님이 이러저러해서 일이 그리되었다 이야기를 해 주었지.

"아이고, 그깟 벼 세 줄기 때문에 아이를 소로 만드시다니요?"

농사꾼이 스님을 나무랐지.

"아닙니다. 저는 절에서 쌀을 씻다가 쌀알 세 개를 흘린 죄로 3년 동안 소가 되어 일했는걸요. 그 덕에 농사짓는 게 얼마나 힘든 일인지, 곡식이 얼마나 귀한지 확실하게 알게 되었지요."

스님은 이리 말하더란다. 그러니 소가 되지 않으려면 쌀을 씻을 때나 밥을 먹을 때 한 톨도 흘리지 말아야 한다는 게야.

> **예** 시험이 끝나니 이제야 좀 허리를 펼 수 있겠네.

혀를 차다
언짢거나 안타까운 마음을 드러내다.

 ## 마음을 울린 판소리 한 자락

햇살 따스한 일요일 오후, 누리는 엄마 아빠를 따라 도서관에 갔어요.

얼마 전 집 근처에 한옥 도서관이 생겼어요. 아파트에 사는 누리네 가족은 한옥이 신기했어요. 꼭 책을 읽거나 빌리지도 않으면서 도서관에 들르곤 했어요.

누리와 엄마 아빠는 신발을 벗고 들어가 밥상 같은 책상에 앉아 각자 읽고 싶은 책을 골라 읽기 시작했어요. 책에 푹 빠져 있을 때 도서관 알림 방송이 들렸어요.

오늘 오후 두 시 별채에서 판소리 공연이 있으니, 관심 있는 분들은 관람하시기 바랍니다.

엄마 아빠가 눈을 동그랗게 뜨고 누리를 쳐다보았어요. '구경할까?'라고 묻는 것 같았어요. 한옥에서 듣는 판소리는 왠지 더 흥미로울 것 같았어요. 누리는 손가락으로 원을 만들어 보였어요. 누리와 엄마 아빠는 책을 원래 자리에 꽂아 두고 별채로 갔어요.

"지금부터 소리꾼을 모셔서 〈심청가〉 중 '눈 어둔 백발 부친' 대목을 들어 보겠습니다. 이 대목은 심청이 뱃사람들에게 팔려 가기 전날 밤의 장면입니다."

한복을 곱게 입은 소리꾼이 나와 인사를 하고 소리를 시작했어요. 심청은 앞으로 혼자 살아가야 할 눈먼 아버지를 걱정하며 옷과 버선을 짓고 동냥주머니도 만들었어요.

> 내가 하루라도 살았을 때 부친 옷을 지으리라
> 사철 입을 겉옷 속옷 **박음질**하여 농에 넣고
> 갓 **망건**(網巾) 다시 손질하여 쓰기 쉽게 걸어 놓고
> 동냥할 때 쓰시라고 헌 주머니 구멍 막아 **시렁**에 걸어 두고

누리는 심청의 마음이 어땠을지 자꾸 생각하게 되었어요. 앞 못 보는 아버지를 남겨 두고 발길이 떨어지지 않을 것 같았어요. 자기도 모르게 눈가가 뜨거워졌어요.

"저를 어쩐대? 쯧쯧쯧."

뒤에서 할머니 한 분이 혀를 찼어요.

"그러게 말이야. 쯧쯧쯧, 참 불쌍하네."

곁에 있던 다른 할머니도 덩달아 혀를 차며, 눈물을 닦고 코를 훌쩍거렸어요.

할머니들이 혀를 차는 소리가 슬픔을 꾹꾹 참고 있던 누리의 마음을 건드렸어요. 누리는 그만 울음을

박음질
바느질의 하나.

망건
상투를 튼 사람이 머리카락이 흘러내리지 않게 머리 둘레에 두르는 물건.

시렁
긴 판자를 벽에 설치해 살림살이를 얹어 놓는 선반.

터뜨리고 말았어요.

"흑."

엄마 아빠가 누리를 쳐다보았어요. 누리는 얼른 눈물을 닦고 아무렇지도 않은 척했어요.

판소리 공연이 끝나고 밖으로 나오며 엄마가 물었어요.

"우리 딸, 판소리가 감동적이었나 보지?"

누리는 대답 대신에 입을 삐죽거렸어요. 엄마 아빠에게 울었던 사실을 들키고 싶지 않았어요. 하지만 다음에 판소리 공연을 하면 또 보러 가야겠다고 생각했어요.

> 예 어질러진 집을 본 엄마가 혀를 찼어요.
> 비 혀끝을 차다

> 관용구
>
> ## 혼쭐 빠지다
> 정신이 빠질 정도로 힘들다.

 특명! 동방삭을 잡아라

옛날 옛적 동방삭은 하늘나라 신선의 복숭아를 훔쳐 먹고 30갑자(甲子), 즉 1800년을 살았어요. 세월이 흘러 다시 죽을 때가 된 동방삭은 더 살고 싶은 욕심이 생겼어요. 한참 고민하니, 좋은 생각이 떠올랐어요.

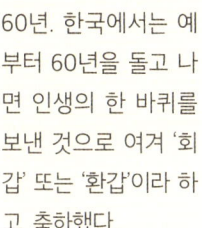

갑자
60년. 한국에서는 예부터 60년을 돌고 나면 인생의 한 바퀴를 보낸 것으로 여겨 '회갑' 또는 '환갑'이라 하고 축하했다.

동방삭은 저승사자가 다닌다는 느티나무 언덕 아래 맛있는 음식을 한 상 떡 벌어지게 차려 놓았어요. 그리고 느티나무 뒤에 숨어 저승사자를 기다렸어요.

밤중에 언덕을 넘어 마을로 들어오던 저승사자는 음식 냄새를 맡고 걸음을 멈췄어요. 마침 출출하던 참이라 배에서 꼬르륵 소리가 났어요. 주위를 둘레둘레 살펴보고 나서 떡과 고기를 허겁지겁 먹었지요. 한참 맛있게 먹고 있을 때 동방삭이 저승사자 앞으로 나타났어요.

"어떤 놈이 염라대왕께 대접할 음식에 손을 대느냐?"

동방삭의 호령에 저승사자는 혼쭐이 빠져서 잘못했다고 싹싹 빌었어요.

"염라대왕께 비밀로 해 주시면 소원 한 가지를 들어드리겠습니다."

동방삭은 기다렸다는 듯 대답했어요.

"30갑자를 더 살게 해 다오."

저승사자는 어쩔 수 없이 동방삭의 소원을 들어주었어요. 그 사실을 알게 된 염라대왕은 당장 동방삭을 잡아 오라고 화를 냈어요. 그러나 이미 숨어 버린 동방삭을 찾기란 모래밭에서 바늘을 찾는 것만큼이나 어려웠어요. 하루는 장터에서 숯을 보는 순간 저승사자의 머릿속에 좋은 방법이 떠올랐어요.

우선 저승사자는 숯을 한 짐 사 가지고 개울로 갔어요. 그리고 흐르는 물에 숯을 씻기 시작했어요. 지나가는 사람들은 모두 미쳤다고 손가락질을 했어요. 그렇게 몇 날 며칠 숯을 씻고 있을 때, 한 노인이 다가와 물었어요.

"자네 왜 숯을 씻고 있는가?"

"검은 숯이 보기 싫어서요. 하얘질 때까지 씻어 보려고 합니다."

저승사자의 대답에 노인은 큰 소리로 웃었어요.

"별 이상한 놈을 다 보겠네. 내가 30갑자를 두 번째로 살고 있다만 너같이 모자란 놈은 처음 보는구나."

저승사자는 얼른 노인의 뒷덜미를 잡고 붉은 오랏줄로 꽁꽁 묶었어요.

"네가 동방삭이로구나."

동방삭은 혼쭐 빠진 얼굴로 저승사자의 뒤를 따라갈 수밖에 없었답니다.

예 밤늦게 들어온 오빠는 아버지에게 혼쭐이 빠지게 꾸중을 듣고 있다.